日本歴史 私の最新講義

末木文美士

日本思想史の射程

敬文舎

・刊行委員（五十音順）
荒木　敏夫
池上　裕子
大日方純夫
五味　文彦
栄原永遠男
白石太一郎
藤井　讓治
水本　邦彦

・装丁・デザイン
坪内　祝義

峯量五百由旬
忉利天
喜見城
城高一由旬
城周一万由旬
殊勝殿
峯量五百由旬
峯量五百由旬
二万由旬
日径五十由旬
月径五十由旬
西
一百由旬
恒憍夜叉

「五つの仏教地図」のうち須弥山図（部分）

ハーヴァード大学美術館所蔵。一巻の巻子本で、表題は『日本并須弥諸天図』。奥書によると、応永九年（一四〇二）成立で、作者は隆意。①日本地図、②天竺図、③四大河図、④須弥山世界平面図、⑤須弥山立体図の五つの図が含まれている。口絵はこのうち、⑤の一部で、本書七〇頁の図の上方の部分。ここには、須弥山頂上の忉利天（上方の四角の箇所）が描かれ、その下の須弥山中腹には四天王天、さらに下に夜叉の住居が見える。これより上には空中に欲界・色界・無色界諸天まで描かれた壮大な図で、仏教の世界観を表わしている。本書第二章参照。

.AN) Harvard Art Museums/Arthur M. Sackler Museum, Gift of the Hofer Collection of the Printed and Graphic Arts of Asia in honor of Professor and Mrs. John M. Rosenfield, 1973.66
Photo: Imaging Department N) President and Fellows of Harvard College

日本思想史の射程

●写真所蔵先・協力

ハーヴァード大学美術館(口絵)

ハーヴァード大学美術館(69ページ、70ページ、71ページ、72ページ、74ページ)

.AN) Harvard Art Museums/
Arthur M. Sackler Museum,
Gift of the Hofer Collection of the Printed and
Graphic Arts of Asia in honor of Professor and
Mrs. John M. Rosenfield, 1973.66
Photo: Imaging Department N) President and
Fellows of Harvard College

国立国会図書館(99ページ、100ページ、101ページ)

末木文美士(278ページ)

●スタッフ

本文レイアウト=姥谷英子

図版・地図作成=蓬生雄司

編集=柳町敬直

編集協力=阿部いづみ

●凡例

・年号は和暦を基本とし、適宜(　)で西暦を補った。

・本文は、原則として常用漢字、現代仮名遣いによった。

・引用史料は、原文を尊重して掲載したが、読みやすさを考慮して句読点を補った。また適宜ルビを付した。

・参考文献の詳しい情報は、巻末にまとめた。

・本書のなかには、現代の人権意識からみて不適切と思われる史料を用いた場合もあるが、歴史的事実を伝えるため、当時の表記をそのまま用いた。

・写真使用につきましては十分に注意を払いましたが、なにかお気づきの点などございましたら、編集部までご連絡ください。

目次

はじめに

私はもともと仏教学を専攻し、平安・鎌倉期の仏教思想を中心に研究してきたが、数年ほど前から、仏教を含めて日本の思想史の全体像を捉えなおしたいと思うようになり、少しずつその方向へと関心を移してきた。

仏教学は、仏教の流れという観点からみるので、当然インドが中心となり、日本仏教はその周縁ということになる。本来のインドの仏教が変容に変容を重ね、もとのものと似ても似つかないものになったのが、日本仏教である。あたかも、日本のカレーライスがインドのカレーとまったく違うものになってしまったようなものである。

そのことを前提として、仏教がどのように変容してきたかという過程を探求していくことも重要であるし、もちろんその問題への関心もある。しかしその一方で、日本の思想や宗教の流れを、仏教だけに限らずに全体として捉えたいと思うようになってきた。日本の歴史のなかで、仏教は決してそれだけ単独で閉ざされた領域として展開してきたわけではなく、さまざまな思想動向との軋轢《あつれき》や論争を経ながら展開してきている。その全体的な変化のダイナミズムを捉える必要を痛感するようになった。

そもそも仏教学のなかでも周縁的でマイナーな領域である日本仏教を専攻したのは、欧米の発想と異なる日本の伝統的な思想・宗教に基盤をおくことで、従来の受け売りの輸入哲学と異なる、地に足の着いたしっかりした思想を構築する必要があると考えたからであった。もともと仏教自体というよりも、日本という場に立って、その伝統思想をどのように捉え、それを現代に生かせるかという関心から研究をスタートさせていたので、仏教以外にも視野を広げることは当然必要なことであった。

しばしば、日本人は感性的には優れているが、思想や哲学の面は弱いということがいわれる。実際、日本文学はどこの大学でも講じられ、そればかりか高校生でもある程度の知識は常識となっているし、美術もかなりポピュラーであるが、それに較べるとき、日本思想史はあまりまともに論じられることがない。専門家を養成できる大きな国立大学のなかでは、東北大学にしか専門の講座がないマイナーな領域である。最近、道元《どうげん》や空海《くうかい》などはかなり論じられるようになってきたが、江戸時代の思想となると、本当にひと握りの専門家しか関心をもたない狭い分野のようである。だが、それでよいのであろうか。

最近盛んに伝統ということが言われるようになってきた。なんでも欧米のまねをしてきたことの虚《むな》しさに、多少は日本人が気づいてきたということもあるであろう。それは重要なことである。しかし、そこで伝統といわれるものをみていると、多くの場合皮相で、眉唾《まゆつば》なことが少なくない。とりわけ政治家がもっともらしく言う「伝統」からは、日本が虚勢を張って強がっていた大日本帝国時代に戻れという以上のメッセージを読み取ることができない。教育勅語が「うるわしい日本の伝統の心」を代表するかのような言説さえも、まかりとおっている。

もちろん、明治の思想を否定するつもりはない。いきなり弱肉強食の巨大な世界のなかに放り出された小さな島国が、必死になって先進国に追いつき追い越せと頑張ってきたことを、無駄な努力と捨て去ることはできない。それは明治だけでない。最近しばしば軽蔑の対象のように言われる戦後という時代もまた、日本人が必死に築き上げてきた平和な時代であり、それをただ唾棄《だき》すべき否定の対象であるかのように言うのは、あまりに先人の努力を無にする行為といわなければならない。先人たちの努力は、たとえそれが成功とはいえなくても、無下《むげ》に否定してすむことではない。

私は、日本の伝統を理解するのに、三つの段階に分けるのが適当であると考えている。それをきわめて単純に、小伝統・中伝統・大伝統と呼んでいる（末木、二〇一六a、二〇一六b）。

小伝統というのは、戦後の伝統である。戦後に伝統などあるのか、といわれるかもしれないが、七〇年という年数を経れば、その間の積み重ねは十分に伝統というだけの価値がある。小伝統を代表するのは、いうまでもなく日本国憲法であり、その合言葉は「平和」ということであった。実際、この困難な世界情勢のなかで七〇年の平和を保ってきたことは、ほとんど奇跡といってよいことであり、日本の誇りということができる。

中伝統というのは、明治の伝統である。閉鎖された社会のなかで、いわばガラパゴス的に高度な文化が展開してきた近世に対して、開国によって一気にグローバル化した世界のなかに放り出されることになった。欧米の近代文明の高度さに圧倒されながらも、それを全力で摂取するとともに、欧米の植民地主義の進出に対して抵抗しつつ、その驥尾《きび》に付してみずからも植民地進出することになった。そして、やがて戦争へと突入することになる。この中伝統の合言葉は「万世一系」で、「神聖」なる天皇をトップに置く日本独自の「国体」ということであった。それは他国がまねることのできない、日本の優秀さを示すものと考えられた。

大伝統というのは、それ以前の時代をひとくくりにしたものである。古代から近世までひと纏《まと》めにするのは、あまりに乱暴といわれるかもしれない。しかし、近代以後の日本人にとって、それ以前は「前近代」としてひとくくりにしてみられるのは、それほど不自然なことではなく、多くの場合は、古臭いものとして否定されることになった。

ただ、注意されるのは、中伝統の形成において、古代が理想化されて再解釈されたことである。明治維新は「王政復古」であり、古代律令体制下の天皇親政の時代に戻ることが理想とされた。うっかりすると、我々は近代になって再解釈された古代をそのまま真実と考え、大伝統を誤解しかねない。大伝統の解釈に当たっては、十分な注意が必要である。

近代以後の日本は、中伝統から小伝統へと、近代化して前へ進むことばかり考えてきた。しかし、三・一一をはじめとする自然災害が相継ぎ、原発事故により夢の未来が頓挫《とんざ》し、地球温暖化や社会の老齢化など、さまざまな問題を抱えるようになった今日、このあたりで立ち止まり、過去を振り返ることが必要になってきた。中伝統・小伝統を捉えなおすとともに、それ以前の大伝統のなかの先人の知恵を掘り起こし、学びなおすことが不可欠な情勢である。

そうして過去を振り返るとき、日本には思想や哲学がないというこれまでの言説は、じつは欧米流の思想哲学をモデルとして、それと似たものを探そうとしていたからではないか、と反省させられる。そのような偏見を捨てて、もっと自由な目で過去の思想を見なおすならば、そこには驚くほど豊富で新鮮な先人たちの知恵が溢れるばかりに満ちている。その過去の遺産を私たちは誇りとして、そこから大いに学ばなければならない。

本書は不十分ながらも、こうして日本の過去の思想を振り返り、そこから何を引き出せるかを考えるためのひとつの試みである。

＊

本書は日本思想史といっても、通常考えられるように古代からはじまって通史的に論じていくという方法をとらない。そうではなく、各章ごとにテーマを設定して、その問題が過去の日本の思想のなかでどのように論じられてきたかという観点から、思想史をひも解いていくことにする。序章に述べるように、私は『岩波講座日本の思想』(岩波書店)と『日本思想史講座』(ぺりかん社)の二つの講座の編集委員に加わり、それによって日本思想史への関心を深めることになった。とりわけ、テーマを設定して過去の思想を見なおすというのは、岩波講座でとった方法であり、そこからかなりのヒントを得、また、本書の一部の章はそこに発表したものに基づいている。

たまたまそのころ、いくつかのテーマについて、日本の伝統思想でどのように扱われていたかを論ずるという依頼をつづいて受け、それをよい機会に、これまで不勉強だった近世思想についてもいささか勉強して、仏教に限らない日本思想の発想をある程度論ずることができた。本書はそのような機会に書かれたものをもとにして、新たに整理しなおして、まさしく「私の最新講義」にふさわしいような、現在の私の見方を示すことができたかと思う。

本書の構成を示しておくならば、序章で日本思想史という分野に関する研究史と方法論的な問題を扱った。上述のように、日本思想史は必ずしもアカデミズムのなかで広く認知されている領域ではなく、それだけにその方法をめぐってはこれから議論されなければならない問題が大きい。

以下、本論に入ると、第一章では論理の問題を扱った。しばしば誤解されるように日本には論理的な思考がないわけではなく、独自の論理性の展開をみることができる。本章では、仏教に範囲を限ってその展開を追ってみた。

第二章では、世界観の問題を取り扱った。日本は古い時代から決して小さな島国に逼塞《ひっそく》していたわけではなく、中国やインドにまで広がる世界像をもっていた。そこには、近代的、科学的な世界観とは異質で、その枠では捉えきれない自由な発想が展開されていた。本章ではその重層的な世界観を明らかにしてみた。

第三章では、自然観の問題を扱った。そもそも「自然」という言葉は古くからあるもので、それと近代的な意味での「自然」とのあいだにずれがあり、そこから慎重に引きほどいていくことが必要である。それによって、近代的な客観化された「自然」と異なり、人間とともにあり、深く人間の生活とかかわる「自然」の姿が明らかにされる。

第四章は災害観を取り上げた。ある意味では第三章の一部ともいえ、多少の重複もあるが、近年打ちつづく災害のなかで、あらためて大きくクローズアップされた問題を、現代の場から過去へと遡る形で論じた。

第五章では人間の問題へと転じ、とりわけ近年注目されている身心論の問題を、現代における議論とからめながら論じた。近代的人間観が、人間を理性的存在として捉えようとするのに対して、伝統的な人間観は人間を身心的存在として捉えている。

第六章は文化の問題であるが、美とか芸術・文学などと呼ばれる領域が、もともと儀礼的な場に発したという観点から、やや大胆な議論を展開した。

第七章では少し方法を変えて、国土をいかにして荘厳するかという問題を、一二世紀の平泉という場に焦点をしぼって論じた。

本書では、国家論・王権論などについて、第六、七章で多少触れたが、必ずしも十分に論じられなかった。それは今後の課題として、終章で簡単に歴史論という観点からスケッチするに留めた。もうひとつ十分に扱えなかったのは、ジェンダーや女性の問題であり、これも今後の課題としたい。

私は元来が仏教から出発していることもあって、全体として、やや中世の仏教にくわしく、それ以外の動向に関しては、必ずしも十分に広く扱えなかったところがある。ただ、従来ともすれば近代的な合理主義の立場から過去の思想を解釈し、あるいは断罪する傾向が強かったのに対して、あえて中世的な「冥《みょう》」の世界に重点をおいて読みなおすという方法は、従来の見方に対するアンチテーゼとして、それなりに意味をもつのではないかと考える。

なお、本書と関連して、少し前に出版した『日本の思想をよむ』(角川書店、二〇一六)は、日本思想の文献を解説しつつ、私なりの思想史の見方を示したものである。あわせてご覧いただければ幸いである。

序章

方法：思想／思想史／思想史学

二つの日本思想史講座

一九七〇年代から現代へ

岩波書店から『岩波講座日本の思想』全八巻（二〇一三—一四）、ぺりかん社から『日本思想史講座』全五巻（二〇一二—一五）と、二つの講座がほぼ同時に刊行され、完結した。二つの講座は、二〇〇八年にほぼ同時に計画が立てられ、編集委員も苅部直・黒住真・佐藤弘夫・末木文美士の四人が重なる。ぺりかん社版には田尻祐一郎が加わった。

このようないきさつから、両者は最初から内容的な重複を避け、相互に補い合うことを目指した。ぺりかん社版は手堅い標準となる時代別通史を意図し、執筆者も日本思想史学会の会員を中心とした各領域の専門家に執筆を求めた。それに対して、岩波版は時代を分けずにテーマ別に論じ、執筆者も狭義の専門家に限らず、できるだけ多方面に求めた。過去の講座と比較すると、ぺりかん社版が『日本思想史講座』全一〇巻（古川哲史・石田一良編、雄山閣、一九七五—七七）を継承するのに対して、岩波版は『講座日本思想』全五巻（相良亨・尾藤正英・秋山虔編、東京大学出版会、一九八三—八四）に近いということができる。

雄山閣版、東大出版会版は、一九七〇年代から一九八〇年代の初めにかけての出版であるが、このころには、『日本思想大系』全六七巻（岩波書店、一九七〇―八二）、『日本の名著』全五〇巻（中央公論社、一九六九～八二）、『日本の思想』全二〇巻（筑摩書房、一九六九―七二）など、大きな資料集の叢書が出版されている。同時期には、『世界の名著』全八一巻（中央公論社、一九六六―七六）、『世界の大思想』全四七巻（河出書房新社、一九六四―六九）など、世界の思想・哲学に関する大きな叢書も出版されている。

このように、一九七〇年代を中心としてその前後を加えた時代は、哲学・思想関係の出版がブームとなっており、日本思想関係もその重要な一環をなしている。

一九七〇年代は、戦後の復興が一段落するとともに、一九六〇年の安保闘争、七〇年前後の全共闘運動という二つの大きな運動が高まりをみせ、それにともなって、哲学・思想への関心が高まったということが考えられる。しかし、このような関心は必ずしもその後も継続したわけではない。西洋哲学の方面はともかく、日本思想に関しては、この時代を継承していくような大きな企画は現れず、二〇一〇年代を迎えた。

この時代にあらためて日本思想が注目されるようになったのはなぜなのか。必ずしも唯一の答はないであろうが、ひとつには近代の行きづまりのなかで、過去の思想が問い直されるようになったということが挙げられよう。もはや欧米のまねだけしていればよい時代は終わった。自国の伝統の上に立った堅実な思想が構築されなければならない。

ぺりかん社版の意図と問題点

ぺりかん社版は、古代・中世・近世・近代という時代ごとの巻に加えて、第五巻として「方法」の巻を設けた。「刊行にあたって」に述べるように、「オーソドックスな形式として、伝統的な文献中心の研究手法とそれが生み出してきた成果を尊重する」という方法を採った。たしかにもっとも手堅い方法であるが、逆にいえば、必ずしも十分な方法論的な反省を経ていない便宜的な方法ともいえる。

たとえば時代区分に関しても、古代・中世の区切りを考えるとき、院政期を古代に入れてすませられるかというと、院政期は中世につながっている面が強く、必ずしもそこで時代を切ることができない。また、同じ中世のなかでも、南北朝を転機として思想史のうえでも大きな転換がある。このように、時代区分は必ずしも一義的に区切りを設けられず、より緻密にみる必要がある。

もうひとつの問題は、「文献中心」といいながら、今日の思想史はそれだけではすまないところがある。「刊行にあたって」でも、「近隣分野の成果を盛り込み、トータルかつ立体的な思想史像の構築を試みる」と明示している。第一巻の最初の論文が、考古学の分野の松本直子氏の「縄文の思想から弥生の思想へ」であるのも、そのような試みのひとつであり、そもそも「縄文の思想」や「弥生の思想」が語りうるのかということ自体が、文献主義の立場からは問題とされるかもしれない。

第二巻でも巻頭に阿部泰郎氏の「中世日本の世界像」を据えたが、図像資料を多用し、儀礼や勧進《かんじん》などの行動を含み込んだ思想のダイナミズムは、文献のみとは異なる世界の広がりを示している。今日そのような多分野の研究を含み込まずに思想史を語ることはできない。

しかし、そうした多分野の協力という方法が、方法論的に必ずしも十分に検討されていないという点に、問題が残る。従来からも、思想史と一般の日本史(国史)との関係は密接なものがあったが、日本史は今日、視野を広げて大きく変わりつつある。それに対して、思想史側の対応が遅れているように思われる。

岩波版の意図と問題点

ぺりかん社版の「オーソドックスな形式」に対して、岩波版ははじめからそれに対する懐疑から出発している。「編集にあたって」では、神道・仏教・儒学・日本・思想など、「日本思想史」

の前提になる諸概念が近代になって成立したことが明らかになっている現状を踏まえ、「近代に創られた概念を批判的に吟味しながら、前近代の思想がどのように近代につながってゆくのか、思想の転変を今日の視点から確認すること、それが本講座のめざすところである」と、その方向が明示されている。

たしかにその点で問題意識ははっきりしているが、実際にそれがどのように具体化されるかというと、それほど容易ではない。各巻のタイトルを、「場と器」（第一巻）、「内と外」（第三巻）、「自然と人為」（第四巻）のように、「と」で結ぶことで、概念の揺らぎが示されているが、かつての東京大学出版会版の各巻が、自然・知性・秩序・時間・美と端的な一語で示されているのに対して、いかにも歯切れが悪い。

あえていえば、その歯切れの悪さに、今日的な状況が示されているということになろう。ただ、その問題はいまだ十分に突き詰めて考えられるにはいたっていない。

また、これらの諸概念が近代につくられたことは明らかであるが、そのことは、方法論的に前近代と近代とで一貫して論じられないという新たな問題を生むことになる。たとえば、「自然」という問題を論ずる際に、近代であれば、今日使われているその概念をそのまま用いて論ずることができるのに対して、前近代に対しては、「自然」という用語を用いた思想を論ずるのか（たとえば、親鸞《しんらん》の「自然法爾《じねんほうに》」など）、それとも、近代以後用いられる「自然」（＝nature）に相当する前近代の思想（天地・器世間《きせけん》など）を論ずるのかで、議論は大きく異なってくる（本書第三章）。いずれにしても、前近代から近代への転換には大きな断絶があり、単純に「近代につながっていく」といえないのである。

さらに、岩波版では、「思想の蓄積を貴重な財産とし、未来にむけた思想を創りだすことができるであろう」と、思想史から思想の創造へという方向を志向している。これも大きな問題提起である。今日、「日本思想史学」は「学」としての確立を目指すあまり、そこから外へ出ていくことに極度に警戒的である。しかし、「思想史」は「思想」とつねに緊張関係を保った往復運動をしてゆくのでなければ、発展は望めない。

この点で、岩波版は、その閉鎖性を突破しようとしているが、はたしてそれが本当に今日の日本の思想界の共有財産となって議論されているかというと、残念ながらなお不十分である。「思想の蓄積」を、今日の思想にどのように生かせるかは、今後の大きな課題である。

儀礼と思想――中世思想を見る視点

冥顕の世界観と儀礼

私は、ぺりかん社版では第二巻の中世の巻の責任編集を担当したが、もともと私は中世前期（一二―一三世紀）の仏教思想を中心に研究している。そこで、この時代の仏教思想の扱い方を具体例として、方法論的な問題をいささか考えてみたい。

この時代の仏教思想に関しては、従来、いわゆる「鎌倉新仏教」を中心とする鎌倉新仏教中心史観が支配的であったが、一九七〇年代の顕密《けんみつ》体制論を転機に、大きく転換してきたことはすでに常識となっている。それでは、その転換後、どのような方法で、どのような思想史を描けるのであろうか。

ぺりかん社版第二巻の「総論」で、私はそれを、「基本的に言えば、黒田（俊雄）や網野（善彦）の路線をさらに押し詰めていくところに成り立っている」（末木、二〇一二a、一八頁）としたうえで、膨大な寺院資料の発掘が進み、その研究が深められていること、多様な分野の研究者の協力が必要であること、東アジア的世界の広がりで捉えられるべきことなどを指摘し、とりわけ密教の重要性を強調した。さらに、新しい視点として、「冥顕《みょうけん》」ということを核に据えた見方を提唱した（同、一八一―二二二頁）。

ここでは、方法論的な点から、儀礼という視座を取り上げてみたい。従来、合理的に体系化された思想文献のみが思想史の対象と考えられてきたが、寺院資料の発掘は、そのような限定の枠に収めきれない大量の史資料群のあることを明らかにした。いわゆる「聖教」とよばれる類は、従来は奥書の年記のみが史料的な意味をもつと考えられてきたが、それだけでなく、その内容にも注目すべきことが指摘されるようになった。いちはやく起請文の類を思想史的に見ることを提唱した佐藤弘夫氏の研究は画期的な意味をもつものであるが（佐藤、二〇〇六）、それをも含む膨大な儀礼資料を用いて、儀礼を思想史の枠のなかに取り込もうという研究が、近年きわめて活発化している（そのような研究として、ドルチェ他編、二〇一〇。舩田、二〇一一）。

ぺりかん社版では必ずしも儀礼の問題を中心に据えることはなかったが、岩波版で私が責任編集を担当した第七巻「儀礼と創造」においては、中核に据えて考察した。この巻は美と芸術の問題が主題であったが、「美」とか「芸術」というのは、まさしく近代に形成された概念であり、それを前近代に遡らせることは危険である。もちろんritualの意で「儀礼」という言葉を用いるのも新しいことであるが、内容的にみれば、前近代の営為をより適切に表現するものといえる。「美」や「芸術」が完成されたものを見る立場でいわれるのに対して、「儀礼」はまさしくそれが創造され、形成される場である。この点に関して、「第七巻は、いささか冒険的な巻である。従来、美とか芸術などと言われて論じられてきた分野を解体し、その創造の源泉に戻り、そこから新たに視野を広げてみようというのである」（末木、二〇一三b、二九四頁）とその意図を述べた。

儀礼が思想史において問題になるのは、美や芸術だけでなく、中世的な世界観の総体が儀礼の場から顕現してくると考えられるからである。すなわち、「儀礼は一方で王権に関わり、他方で仏教と関わりながら、文学、芸能、音楽、美術、神道など、多方面にわたる総合的な展開を示している。それ故、その研究も学際性が必要であり、学問分野の新たな配置が要請されるようになっている」（同）と述べたとおりである。

なぜ、儀礼がそのような重要性をもつのであろうか。そもそも儀礼とはどのようなことを指すのであろうか。その定義はむずかしいが、私は、「所定の場所で、所定の手順を踏みながら、言葉、音、所作、香りなど、多様な要素が総合的に機能し、そこに聖なるもの、あるいは私の使う用語でいえば『冥』の世界が顕現し、その『冥』なるものとの交流がなされるのである」（末木、二〇一三a、八頁）と規定した。

すなわち、儀礼はなによりも、この世界を超えた何ものかに働きかけ、その反応を引き出す役割をもつ。現世を超えた異世界的なものとの交流などということは、近代的な目からは非合理的で荒唐無稽なこととみられ、呪術的として軽蔑されて、思想の問題として顧慮されることがなかった。しかし、中世人にとっては、決して荒唐無稽なことではない。合理的な思惟で捉えきれない超現世的な「冥」の領域まで含めて、はじめて世界の全体が成り立つのであり、その領域に踏む込むためには儀礼が不可欠である。

儀礼の検討

この点をもう少し立ち入って検討するために、ここで小川豊生の『中世日本の神話・文字・身体』（二〇一四）を手がかりとして考えてみたい。本書は文学の領域に属する研究であるが、密教的な儀礼を根底において、中世の壮大で多様な世界を総合的に把握しようと意図している。

中世神話が豊饒な世界を産み出していることはよく知られているが、それは世界観の構造を大きく変えるものであった。たとえば、『麗気記《れいきき》』においては、古代神話のイザナキ・イザナミに代わって、「光明大梵天王」と「尸棄《しき》大梵天王」という二神による宇宙創造の話を展開している。「そもそも日本古代において初発の神は、天地のなかに葦牙《あしかび》の如く成り出でる神であって、世界そのものを創り出すいわゆる創造神が描かれることはなかった」(同、二五頁)のに対して、それを「まさに宇宙創造神へとつくり変えていた」(同)のであり、大転換といわなければならない。梵天(Brahmā)は、もともとインドの世界創造神であり、仏教をとおして導入されたインド神話が中世神話で復活することになる(彌永、二〇一三)。このような神話の形成は儀礼的な瞑想の実践と密接にかかわり、「宇宙創成神話が儀礼の中で観想を通じて実践化される」(小川、二〇一四、二七頁)のである。

小川は、このような新しい神話などの顕現を表わすのに、仏典に見える「建立《こんりゅう》」という言葉に着目する。「『建立』はけっして、寺院の『建築』といった、ある制作主体による外在物の創造を第一義とする用語ではなかった」(同、六八五頁)のであり、それをも含みつつ、より広い意味で、「法や教説のように、不可視のものの創設の義を含むところに『建立』という語の特質があった」(同、六八六頁)というのである。すなわち、「建立」というのは、物質的なモノの創造であると同時に、観念や思想などをも含めて、構築し、成立せしめることである。

それはモノをつくる建築的な作業とともに、儀礼的な瞑想から生み出すことでもある。阿弥陀仏が五劫《ごこう》思惟《しゆい》によって極楽国土を創出したという経典の物語が思い合わされる。創造的な産出という点で、物質的な建築と観念的な構築とは同類の営みである。

以上のように、中世的な思惟は儀礼的な実践と密接に関係している。たとえば、禅は一見非儀礼的な瞑想のように思われるが、その境地は師僧による印可《いんか》によって承認されるものであり、それによって釈迦仏以来の師資相承《ししそうじょう》の以心伝心の系譜に連なることが認められる。儀礼による相承の承認は密教の血脈《けちみゃく》にも見られる。日本で密教から禅への乗り換えが成り立つのは、同じような系譜主義に立つからであり、それは戒の相承にも認められる。

また、道元に典型的に見られるように、坐禅によって仏祖との同一化がなされるのであり、それは密教における即身成仏と同じ構造と考えられる。筆者も関係している『中世禅籍叢刊』全一二巻は、中世禅が従来の常識とまったく異なり、密教との関係のなかから形成されてきたことを示している。

こうした儀礼の創造性は中世前期の仏教において高揚し、中世後期には芸能や文芸などさまざまな分野に拡散する。近世にいたると、従来の常識では、思想が世俗化や現世化するとされ、現象の背後の異界が否定されるかのように考えられてきた。それでは、儀礼的な世界はどうなるのか。もちろん現世的な「礼」として、武士道などの「道」のなかに生かされるという面があると考えられる。

しかしまた、近世を単純に現世主義と決めつけるのがよいかどうかということも問い直されなければならない。いったんは批判的にみられた鬼神（霊魂）が、平田《ひらた》篤胤《あつたね》において復活するのは、決して偶然とはいえないであろう。それが明治維新を生む原動力のひとつにまでなったのは、単純な現世主義で捉えきれない底流が生きつづけてきたからにほかならない。そうとすれば、近代もまた合理的な現世主義だけでは理解できないと考えられる（末木、二〇一五ａ）。

こうして、日本思想史を全面的に再構築しなおすことが必要になってくる。しかし、それはここで論ずるにはあまりに大きな問題であり、単に見通しだけに留めておきたい。なお、儀礼については、さらに第六章で検討する。

もういちど、方法論的な問題に戻って確認しておくべきことは、思想は合理化され、体系化された著作物によってのみ論じられるものではないということである。ここでは、儀礼の重要性を論じたが、じつをいえば儀礼の扱い方もそれほど容易ではない。とりわけ中世の儀礼は、多く具体的な実践が断絶したなかで、痕跡として遺された断片的な文献から、その全体像を復元していく作業が必要となる。それは、ある場合には「学」としての実証性の枠を超える危険をともなうものであり、十分な方法論的反省がなされていくことが不可欠である。

思想／思想史／思想史学

学としての日本思想史学

こうして改めて「学」としての日本思想史学のあり方が問われることになる。日本思想史は必ずしも狭義の専門家の専有物ではない。私自身、仏教学の専門訓練を受けたのであって、特別な日本思想史学の訓練を受けているわけではない。

しかし、そもそも仏教学や中国学の基礎を身につけずに、日本の思想文献が読解できるかというと、とうてい無理な話である。しかし、それでは日本思想史学が独自の方法と領域をもたず、仏教学や中国学に解消してしまうかというと、やはりそれはあり得ないであろう。

このように、「学」としての日本思想史学は、たしかに一専門分野として成立しながら、しかしそれだけで完結した領域としては成り立ち得ないという矛盾をそれ自体のうちに内包している。このことは、日本思想自体の特徴と密接に関係している。日本思想はつねに外からの思想を輸入しながら、それを変容させていくところに成り立ってきた。それゆえ、日本思想史の研究は、はじめから学際的にしか成り立たないのである。

こうした「学」としての脆弱さをもつゆえか、旧帝国大学時代から、主要大学の講座として認められてこなかった。今日でも、「日本思想史」という正式の講座あるいは専攻を設けて、専門家の養成をしている大学は東北大学しかない。その東北大学にしても、もともと文化史学第一講座とされていたものが、一九六三年になってようやく日本思想史講座に変わったので、そのかぎりでは決して古いとはいえないが、きわめて大きな成果を挙げており、優れた研究者を輩出している。

しかし、自国の思想を専門的に研究できる場が、ただひとつの国立大学にしかないということは、どうみても不適切である。京都大学では、日本哲学史の専攻が一九九五年に設けられたが、主として近代の哲学を中心に研究教育がなされ、対象が限定されている。東京大学では、倫理学研究室が和辻哲郎以来、日本倫理思想史の研究教育の場となり、また、丸山眞男の伝統を受け継ぐ法学部の東洋政治思想史もあるが、それらが分散することで、中核となる場が欠如しており、斯学の発展の障害となっている。

日本思想史と歴史学

もっとも、じつをいえば、日本思想史講座が最初に設けられたのは東京帝国大学であり、一九三八年に国史学研究室に開設されて平泉澄《ひらいずみきよし》が担当した（若井、二〇〇六、一三七頁）。その講座は敗戦後、平泉の辞職にともない消滅して今日にいたっている。

平泉の「日本思想史」はきわめて評判が悪いが、じつは重要なところにその影響が残されたように思われる。それは、戦後も長いあいだ、日本史研究の一分野として思想史が受け継がれ、家永三郎・尾藤正英など、学界をリードする研究者が育ったことである。『日本思想大系』は、八名の編集委員のうち、家永三郎・石母田正・井上光貞・尾藤正英の四名が日本史学の研究者である（ほかは、相良亨・中村幸彦・丸山眞男・吉川幸次郎）。近年、日本史畑の思想史研究者がほとんどみられなくなり、この方面はきわめて弱体化している。

平泉の提起した問題は、もうひとつある。それは、皇国史観という明確な史観を提示したことである。戦前の日本思想史研究の先駆者として、村岡典嗣・和辻哲郎・津田左右吉らが挙げられるが、史観の明確さという点からすれば、皇国史観と唯物史観の二つの正反対の立場があり、その両方から思想史の問題が提起されていたことを無視できない。唯物史観に立つ永田広志・三枝博音らの研究の重要性も、今日忘却されているように思われる（末木、二〇一三c）。

皇国史観も唯物史観も成り立たなくなった今日、はたして史観なくして思想史の構築はなしうるのであろうか。あるいはまた、それらに代わる史観そのものを創出していくことができるのであろうか。こうなるとまた、思想史の問題は、それを成り立たせる根底の思想の問題へとつながっていくことになる。

過去の思想史を学ぶなかに今日の新しい思想が形成され、今日の思想から振り返るなかに思想史の構図が明確化されてゆく。そのような往復運動が不可欠である。思想・思想史・思想史学の循環のなかで、さらに問題が深められていかなければならない。

第一章

論理︰日本仏教における論理の変容

日本における仏教論理学

日本の因明

日本の思想というと、ともすれば情緒的、非合理的、非論理的と考えられやすい。とりわけ仏教に関しては、そのような先入感が強い。しかし、はたしてそのように単純に言い切ることができるであろうか。仏教論理の東アジアでの展開については、近年、師茂樹『論理と歴史』など、意欲的な研究が提示されており、今日注目を集めている領域である。

もともとインドの仏教はきわめて論理的であり、「因明《いんみよう》」と呼ばれる論理学を発展させた。それは、漢訳をとおして東アジア世界にも伝えられた。仏教論理学を確立したディグナーガ（陳《じん》那《な》）の『因明正理門論《いんみようしようりもんろん》』と、その弟子シャンカラスヴァーミン（商羯羅主《しようかつらしゆ》、天主）による『因明入正《につしよう》理論』とは、玄奘《げんじよう》によって漢訳され、主として法相宗《ほつそうしゆう》系統で研究された。とりわけ、後者は簡潔な入門書として重用され、玄奘の高弟慈《じ》恩《おん》大師基《き》によって注釈書『因明入正理論疏』（因明大疏《だいしよ》）三巻が著わされ、基準となる解釈を提供した。

もっとも、インドの言語とまったく構造が異なる中国語に翻訳され、伝統的な発想も異なるのであるから、必ずしも正確に理解されたわけではなく、すでに訳者の玄奘でさえ正しく理解していなかった（中村、一九六〇、六頁）。また、法相宗の全盛期には研究が進められたが、その衰退とともに因明の研究も衰退することになった。

日本へは、法相宗の伝来とともに、因明関係の研究書も伝えられた。とりわけ基の『因明大疏』は、法相宗の正統を伝えるものとして重視され、日本の因明研究はほとんどすべて『大疏』に基くものであった。なかでも、奈良時代後期の法相宗の大学者善珠《ぜんじゅ》の『因明論疏明灯抄《いんみょうろんしょみょうとうしょう》』六巻は、『大疏』に対する詳細な複注として知られる。

その後、鎌倉時代中期ごろまでは諸宗で盛んに研究されたが、その後、停滞し、江戸時代にふたたび復興されている（同、一三―一九頁）。

日本における因明の特徴として、中村元は次の五点を挙げている（同、二〇―二三頁）。

①法会の際の問答の表現技術として用いられた。
②基の解釈を最高絶対の権威と仰いで、護教精神を以て研究せられた。
③秘伝的傾向。
④訓詁注釈的。
⑤知識批判の問題をほとんど扱っていない。

このようなところから、中村は、「日本においても、シナにおけると同様にインドの仏教論理学は充分に根を下して発展することができなかった」（同、一二三頁）と結論している。

日本における因明研究に高い評価を与えた点で注目されるのは、ドイツの研究者グレゴール・パウル（Gregor Paul）の『日本の哲学』（*Philosophie in Japan* 一九九三）である（末木、一九九八、第一五章参照）。本書は、古代から平安時代までをくわしく扱ったものであるが、パウルによると、日本の哲学の水準は奈良時代から平安時代にかけて高かったが、一〇世紀末から落ち、一六世紀に回復するという。パウルが高く評価するのは、空海と因明であり、日本で通常高く評価される鎌倉仏教に対する評価は低い。

このように、パウルの日本の仏教に対する見方は独特であるが、その根底には、哲学の普遍性に関する彼独自の信念がある。すなわち、彼によれば、同一律・矛盾律・排中律という論理学の基本法則は普遍妥当的であり、そのような法則に従って形成される哲学は、どのような文化においても基本的に異ならないというのである。

パウルの論はいささか極端であり、その哲学観も必ずしも受け入れられるものではないが、日本における因明の再評価という点で、はなはだ興味深いものがある。

安然における因明の活用

日本における因明は、たしかに中村の指摘するように、かなり固定化し、特殊な領域に押し込められてしまうところがある。しかし、それがもう少し広い範囲で関心をもたれたり、実際に活用されたりすることがないわけではない。その際、それが論理的に正しいものかどうかは問題があるが、少なくとも論理的であろうとする意図は十分に汲み取ることができる。その一例として、ここでは安然《あんねん》の『斟定《しんじょう》草木成仏私記』（九世紀後半）を取り上げてみよう。

安然は本書で、有情のみならず草木もまた成仏することを主張しており、日本において草木成仏論が展開する端緒となっているが、そのことを論証するのに、因明の推論式を用いている。とりわけ、本書の最後のほうでは、あえて自説と反対の立場の論拠を主張した後、それに反論するという形で一〇項目にわたって自説を展開しているが、その際、自説の主張のために、「作例」として、因明の推論式を立てて論証している。試みに、その第三を挙げてみよう。

若依報必随正報故無別心者、依報有情可云無別心。而今依報有情已有別心、依報草木蓋許別心。故作例云、①百姓万民皆無心、王依報故、如草木等。②国土草木皆可有心、王依報故、如百姓等。（末木、一九九五所収のテキストによる。七二二頁）

【現代語訳】

もし依報《えほう》（環境）が必ず正報《しょうほう》（主体）に随うから別の心がないというのであれば、依報である有情も別の心がないというべきである。ところが今、依報である有情には別の心がある。（それゆえ）依報である草木にも別の心を許すべきであろう。そこで推論式を立てる。

①〔宗〕百姓万民はみな心がない、〔因〕王の依報であるから、〔喩〕草木のように。

②〔宗〕国土草木はみな心がある、〔因〕王の依報であるから、〔喩〕百姓のように。

ここで、宗・因・喩と付したのは、因明の三支作法に従ったもので、宗が結論、因が小前提、喩が大前提に当たる（末木剛博、二〇〇一、六八頁以下）。次のような例がよく挙げられる。

〔宗〕声は無常である

〔因〕作られたものであるから

〔喩〕たとえば瓶の如し

ここで、喩は類似例を挙げていると同時に、「すべて作られたものは無常である」という意が含まれている。そうすると、三段論法の形に合わせると、以下のようになる。

〔喩〕（瓶のように）すべて作られたものは無常である　$M \subset P$

〔因〕声は作られたものである　$S \subset M$

〔宗〕故に声は無常である　$\therefore S \subset P$

ただし、S＝声、M＝作られたもの、P＝無常。

そこで、安然の挙げた例について、もう少し考えてみよう。上記の①②は少しわかりにくいところもあるので、多少言句を変えてみる。

①〔喩〕（草木のように）依報には心がない　$M \subset \overline{P}$

〔因〕（人は）（主体の）依報である　$S \subset M$

〔宗〕故に人には心がない　$\therefore S \subset \overline{P}$

②〔喩〕（人のように）依報には心がある　$M \subset P$

〔因〕（草木は）（主体の）依報である　$S' \subset M$

〔宗〕故に草木には心がある　　$\therefore S' \subset P$

ただし、S＝人、S'＝草木、M＝依報、P＝心がある（¬P＝心がない）。しかし、じつはこの二つは本当は三段論法になっていない。なぜならば、①②の喩は確定した事実を述べる定言命題ではなく、「依報に心がないならば」、あるいは「依報に心があるならば」という条件として理解すべきであろうから。そうすると、

①は、「依報に心がなく、人が依報であるならば、人には心がない」ということになる。

$(M \subset \overline{P}) \cdot (S \subset M) \supset (S \subset \overline{P})$

②は、「依報に心があり、草木が依報であるならば、草木に心がある」ということになる。

$(M \subset P) \cdot (S' \subset M) \supset (S' \subset P)$

ここで、①は、「人に心がない」という帰結は偽であるから、条件の$(M \subset \overline{P}) \cdot (S \subset M)$は偽になる。ここで、$(S \subset M)$を真とすると、$(M \subset \overline{P})$は偽ということになる。そうすると、一種の帰謬法《きびゅうほう》として安然の論証は成り立つかのようにみえる。しかし、じつはこの論証は誤ってい

る。なぜならば、

$$(M \subset \overline{P}) \equiv (\forall x)\{(x \in M) \supset (x \in \overline{P})\}$$

であるから、その否定は、

$$\sim(M \subset \overline{P}) \equiv \sim(\forall x)\{(x \in M) \supset (x \in \overline{P})\}$$
$$\equiv (\exists x) \sim \{(x \in M) \supset (x \in \overline{P})\}$$
$$\equiv (\exists x)\{(x \in M) \cdot \sim (x \in \overline{P})\}$$

これは、M（依報）であって、$\neg P$（心がない）ではないものがあることを意味し、すべての依報が心があるという結論にはならない。したがって、ここからは「依報であるから」という理由で、草木も人と同じく心があるという結論を導くことはできない。

以上のように、安然による因明の活用は必ずしも正しいとはいえないが、自説の主張を論証するために因明による推論を用いていることは注目される。少なくとも論理的であろうとする意志は確認することができるであろう。

因明の変貌と衰退

院政期に因明は復興され、研究が活発化するが、それは僧侶の世界だけでなく、貴族の世界にも及び、異色の知識人藤原頼長は、みずから『因明大疏』を研究している。頼長は、「大乗者不レ叶二末世之機一、人之可レ学者小乗教也」（『玉葉』寿永三年三月十六日条）と述べたといわれ、小乗倶舎《くしゃ》学の復興にも力を尽くした（横内、二〇〇八、第五章）。

このころの因明研究はもっぱら南都で行われ、天台ではほとんどなされなくなっていた。天台でも良源《りょうげん》によって広学竪義《こうがくりゅうぎ》が興され、その弟子の源信《げんしん》によって因明研究が進められたが、その後、因明を排除するようになった。そのきっかけとなったのは、延久四年（一〇七二）一一月の後三条天皇御願円宗寺法華《えんしゅうじほっけ》会《え》だといわれる。そのとき、問者の興福寺頼信《らいしん》が因明の論義を仕掛けたのに対して、三井寺の頼増《らいぞう》はそれを拒んだ（同、二〇三頁以下）。そのときの両者の主張は、それぞれの立場を示している。

頼増のほうは、「陳那・天親、其の外道邪教を破せんが為に、宗因喩を立て、道理を証成す」として、因明の宗因喩を立てるのはインドで外道邪教を破するためだとして、それに対して、震《しん》旦《たん》国には外道がなく、まして「我が日本国は純《もっぱ》ら是れ大乗の根性にして、猶《な》お以て毘曇《びどん》・成実《じょうじつ》小教を尚ばず」と、純粋大乗の国日本では、小乗を学ぶ必要はなく、外教を破するための因明は不要だとする。

それに対して、頼信の側は、「我が日本は大乗之□為り、小乗の比なしと雖《いえど》も、累代の明王、綸言を下して、倶舎を学ばしめ、又外道の族なしと雖も、維摩大会に因明を談ぜしむ」と、大乗の国であっても、小乗や因明を学ぶことは必要で、それは「東隅之緇素《しそ》、西天の儀式を知る」ためであるとしている（『扶桑略記』『仏法伝来次第』）。

それでは、因明ははたして法会や注釈世界のなかだけの問題であったのであろうか。それを離れて、使われることがあったのであろうか。一三世紀後半の無住道暁《どうぎょう》による説話集『沙石集《しゃせきしゅう》』に出る話は興味深い。そこでは、「量を立つと云《い》ふは因明の法門也。外道を破する事は因明の道理也。宗因喩の三を以て義理を成ずる也」として、陳那が因明によって劫毘羅《こうびら》外道（サーンキヤ派）を破した例や、仏弟子が声論《こえろん》外道（ヴァイシェーシカ派）を破した例を挙げたうえで、明恵《みようえ》上人の話を引く。

> 故明恵上人の、我等は犬時者《いぬときもの》なりとて、非時に菓子など召しけると申し候を、何とも思ひよらず侍《はべ》りし程に、信濃国の山里を、事の縁ありて越え侍りし時、犬辛夷《いぬこぶし》の花を見て、此事心得て侍りき。悟道得法もかくやと覚え侍りしかば、南都にあそびなれてはんべりし同法のも

とへ、量を立て、一首送りたる事侍りき。思出ではんべるまゝに、徒《いたづら》事なれども書侍り給へり。我ハ是レ犬時者ナリ宗。形似非実ノ故ニ因。猶シ如シ犬辛夷喩。

猿似なる木律僧《もくりつそう》をばはなれつつ犬時者にもなりにける哉

おのづから事の道理をいらへば、自然に因明の法門になる事侍り。人の愚かなるを、汝ハ是レ愚癡ナリ宗。無ニ智慧一故因。猶シ如シ二畜生ノ一喩。因明と云ふは五明の一なり。菩薩この五を明むべしと云（へり）。因明外道法、内明仏法、声明、医方明、工巧明也。（『沙石集』下、岩波文庫、八三―八四頁。ただし、この話は、流布本にはみえるが、写本系にはみえない）

ここでは、因明による二つの推論が示されている。第一は、「我ハ是レ犬時者ナリ宗。形似非実ノ故ニ因。猶シ如シ犬辛夷喩」というものである。「犬時者」というのは、戒律の規定にない時間に食物を食べる人の蔑称と思われる。「形似非実」というのは、形は出家のようだが、実際にはそうではないということ。「犬辛夷」は、シデコブシの別名のようであるが、辛夷と似ていて、そうではないということから、「犬」ということで連想がはたらいたものであろう。

ここでは、「猶シ如シ犬辛夷」は完全に喩えであって、論理的な大前提ではない。因明の形式を保持しながらも、内容的にはまったく論理性をもたない。また、宗と因の関係も、因が論拠になっているわけではなく、したがって、論理的な推論ということはできない。「猿似なる木律僧をばはなれつつ犬時者にもなりにける哉」というのは、「猿マネのように戒律を形式的に守っている木律僧からは離れたが、今度は戒律を無視して非時に食べる犬時者になってしまったことだ」という意であろう。

もうひとつの因明の形式を用いた論式、「汝ハ是レ愚癡ナリ宗。無ニ智慧一故因。猶シ如シ二畜生ノ一喩」というのも、「畜生のようだ」というのは、まったくの譬喩《ひゆ》であって、論理的な大前提ではない。また、「智慧がないから愚癡である」というのも、推論ではなく、単に言い換えただけのことでしかない。

このように、ここではもはや因明は論理的に正しい推論を行うという原義をまったく離れて、宗・因・喩の形式に当てはめるだけの遊戯的なものとなってしまっている。こうして、因明研究はしだいに形式化し、衰退していくことになるのである。

教判と聖典の言葉

教判と聖典解釈学

因明が衰退することになったからといって、日本の仏教思想に論理性や合理性がないというわけではない。論理を広く取り、弁証法などまで含めて、合理的な思考法を総合的に考えるならば、日本の仏教者の著作も十分に論理的、合理的な発想に基づいている。とりわけ仏教のなかのさまざまな教えの優劣を判定する議論は、教判（教相判釈《きょうそうはんじゃく》）といわれるが、それを論証するには、教説を分類し、どのような観点から優劣をつけるかを明示しなければならない。

もともと教判は中国において発展したものであり、とりわけ天台の五時八教は名高い。しかし、日本においても興味深い展開を示している。なかでも空海の十住心《じゅうじゅうしん》の体系は有名である。その一〇段階は、第一・異生羝羊《いしょうていよう》心（凡夫の状態）、第二・愚童持斎《ぐどうじさい》心（道徳的な善に目覚めた状態）、第三・嬰童無畏《ようどうむい》心（外道の教えに従う状態）、第四・唯蘊無我《ゆいうんむが》心（小乗仏教の声聞の段階）、第五・抜業因種《ばつごういんしゅ》心（小乗の縁覚の段階）、第六・他縁大乗《たえんだいじょう》心（法相宗）、第七・覚心不生《かくしんふしょう》心（三論宗）、第八・一道無為《いちどうむい》心（天台宗）、第九・極無自性《ごくむじしょう》心（華厳宗）、第一〇・秘密荘厳《ひみつしょうごん》心（密教）となっている。このように、心がしだいに深まっていく段階が、諸宗の教理と対応しており、そこに教理の深浅が判定されることになる。

ところで、仏教の議論の際に注意されるのは、経典の言葉を論拠として用いることが多いことである。十住心にしても『大日経』住心品に基づいている。インドの論理学でも、聖典の言葉（聖言量《しょうごんりょう》）を論拠として用いてよいかどうかは、議論が分かれる（末木剛博、二〇〇一、三六―三七頁）。純粋に論理学という観点からみれば、聖典の言葉を論拠とすることは認められないし、聖典を異にする別の宗教間の議論では、聖典を根拠とすることはできない。しかし、同じ仏教内であれば、聖典は共通であり、その言葉は疑いを容れない真理である。そこで、それを承認したうえで、どのように説得力のある理論を構築できるかということが問題となる。いわば聖典解釈学の問題である。そもそも教判そのものが聖典解釈学の一種ということができる。

法然『選択本願念仏集』の場合

この点で注目されるのが、法然《ほうねん》の『選択本願念仏集《せんじゃくほんがんねんぶつしゅう》』（選択集）である。本書は全一六章からなり、念仏が優れていることを説いており、きわめて体系的である（末木、二〇〇八、第四章参照）。第一章において、道綽《どうしゃく》によって聖道門《しょうどうもん》と浄土門を立てて、浄土門を選び、第二章において、善導によって正行と雑行を立てて、正行である念仏を採る。ここまでは、人師の著作によっているが、第三章以下は、経典を用いて、聖典の言葉で自説を論証しようとしている。そのことにより、念仏を選択したのは、衆生ではなく、仏であったことが明らかにされる。

仏による念仏選択はまた、三段階が立てられる。阿弥陀仏・釈迦仏・その他の諸仏である。もちろん、阿弥陀仏が衆生の往生の行として称名念仏を選択したことが、いちばんの根源であり、とりわけ第三章で、『無量寿経』の阿弥陀仏の本願のうち、念仏往生を説いた第十八願に根拠を求めているところが中心となる。そこでは、阿弥陀仏が他の行ではなく、念仏を往生の行として選択したということが論じられている。

阿弥陀仏の選択については、このように経典に論拠が求められた。しかし、それだけでは阿弥陀仏を信仰しない人には説得力をもたない。釈迦仏は他の経典もたくさん説いており、それらのなかでは必ずしも阿弥陀仏の誓願を説いているわけではない。そこで、『選択集』では、釈迦仏もまた、じつは阿弥陀仏の説を承認して、念仏がもっとも優れていることを説いていることを、経典によって論証しようとする。仏教の経典はすべて釈迦仏が説いたことになっているから、その釈迦仏自身が念仏をもっとも優れたものとして選択したとすれば、他宗派の人でも認めざるを得なくなる。さらにそれを補強するために、阿弥陀仏・釈迦仏以外の諸方の仏たちが念仏を賛美することを加えている。

釈迦仏の選択の例として、たとえば、第六章では、『無量寿経』によって「末法万年の後に、余行ことごとく滅し、特《ひと》り念仏を留むる」ことを述べている。末法万年の後に念仏を留めるということは、末法に限らず、念仏こそもっとも釈迦仏が説こうとした本意だというのである。

このように、『選択集』は徹底的に経典の文句に拠りどころを求めながら、念仏が余行よりも優れていることを証明しようとしている。インドや中国のように、他信仰の人たちと論争するわけではなく、あくまでも仏教の枠内で自説の正しさを主張しようというのであるから、相互に経典の権威性を認めたうえでなされる聖言量《しょうごんりょう》による論証は有効である。浄土教というと、ともすれば信仰中心で、理論が弱いと思われがちであるが、このように、『選択集』の体系はきわめて理論的に緊密に構成され、仏教のなかで念仏こそもっとも根本の行であることを聖言量によって証明しようとしている。

ただし、法然の経典の扱いは、浄土三部経に依拠しているため、たとえば『法華経』など、他の経典を拠りどころにする論者に対しても説得力をもちえたかどうかは、疑問がある。その点はともかくとして、聖言量による論証を推し進めたという点で、法然の議論は仏教の論証法のひとつのあり方を徹底させたものということができる。

四句分別とその応用

四句分別の論理

四句分別は、インドの経典以来、仏典で多用されるもので、A、非A、Aかつ非A、非Aかつ非非Aという四句であらゆる場合を尽くそうというものである。たとえば、『雑阿含経《ぞうあごんきょう》』巻十六には、次のように説かれている。

是の如く我れ聞く。一時、仏、王舎城迦蘭陀《からんだ》竹園に住す。時に衆多の比丘の食堂《じきどう》に集まる有りて、是の如き論を作す。

①或が謂く、世間有常と。或が謂く、世間無常、世間有常無常、世間非有常非無常。
②世間有辺、世間無辺、世間有辺無辺、世間非有辺非無辺。
③是命是身、命異身異。
④如来死後有、如来死後無、如来死後有無、如来死後非有非無。（大正蔵二・一〇九上）

如来はこのような比丘たちの議論を知って、それらのいずれも悟りのための役に立たないとして否定するのである。これは、「無記」とよばれるもので、仏が形而上学的問題を拒否したことを示している。

ここで、四つの問題が提示されているが、そのうち、③の「生命と身体が同一か、別か」ということを除いて、①②④はいずれも四句分別の形を取っている。①でいえば、「有常」（永遠に変化しないこと）の否定を「無常」(時間的に変化すること）とすれば、「有常」（A）と「無常」(非A）ですべての場合を尽くしていることになり、「有常・無常」(Aかつ非A)及び「非有常・非無常」(非Aかつ非非A）は必要ない。というよりも、矛盾律を犯していることになり、論理的には無意味で、逆に論理を壊してしまう。

しかし、A、非Aに対して、Aかつ非A、および非Aかつ非非Aを世俗を超えたレベルの論理とすれば、それも意味のあることである。Aかつ非Aが全肯定であるのに対して、非Aかつ非非Aは全否定ということになる。山内得立《やまうちとくりゅう》は、この四句分別をテトラ・レンマ（tetra-lemma）とよび、Aと非Aですべてを尽くそうとする西洋のロゴスに対して、東洋のレンマの思考法として着目し、分析している（山内、一九七四)。

このような四句分別をもとにして、中国ではより複雑な体系を展開している。たとえば、永明《えいめい》延寿《えんじゅ》の『宗鏡録《すぎょうろく》』（九六一成立）巻四六によると、単四句・複四句・具足四句・絶言四句の四種類を立てている。

①且く単四句とは、一に有、二に無、三に亦有亦無、四に非有非無。

②複四句とは、一に有有・有無、二に無有・無無、三に亦有亦無有・亦有亦無無。四に非有非無有・非有非無無。而も複と言ふは、四句の中に皆な有無を説く。

③具足四句とは、四句の中に皆な四を具するが故に。

第一に有句に四を具すとは、謂く一に有有、二に有無、三に有亦有亦無、四に有非有非無。

第二に無句中に四を具すとは、一に無有、二に無無、三に無亦有亦無、四に無非有非無。

第三に亦有亦無四を具すとは、一に亦有亦無有、二に亦有亦無無、三に亦有亦無亦有亦無、四に亦有亦無非有非無。

第四に非有非無に四を具すとは、一に非有非無有、二に非有非無無、三に非有非無亦有亦無、四に非有非無非有非無。上の四の一十六句を、具足四句と為す。

④第四に絶言四句とは、一に単四句の外に一絶言あり。二に複四句の外に一絶言あり。三に具足四句の外に一絶言あり。三絶言有り。（大正蔵四八・六八七下―六八八上）

インド以来の四句を単四句として、それをさらに順列組み合わせによって、スコラ的で複雑な体系を示している。たとえば、複四句は次のように考えられる。

	有	無
1	有の有	有の無
2	無の有	無の無
3	亦有亦無の有	亦有亦無の無
4	非有非無の有	非有非無の無

すなわち、単四句の有・無・亦有亦無・非有非無のそれぞれに有と無を立てるのである。具足四句では、そのそれぞれに有・無・亦有亦無・非有非無を立てるから、一六の場合が出ることになる。

ここで、最後に絶言四句を挙げていることが注目される。単四句・複四句・具足四句のいずれも、最終的には言語を絶することになるのであり、そこに、言語から言語を超えた世界への超越が開かれることになる。絶言四句は、四句分別の第四句の非A非非A（非有非無）をさらに展開させたものとみることができる。「超（離）四句、絶百非」という決まり文句は、吉蔵《きちぞう》『中観論疏』巻十本・涅槃品（大正蔵四二・一六〇上）のように、中国の天台・三論・華厳などの文献にしばしばみえるところである。ここは、さまざまな四句の形態を挙げたうえで、絶言四句という形でそれを表現している。

四句分別と四重興廃

そこで、日本における四句の応用をみてみよう。直接四句をそのまま用いたわけではないが、それと近似した四段階を立てる説がみられ、注目される。ひとつは、天台本覚《ほんがく》思想における四重興廃の教判である。これは、伝忠尋《ちゅうじん》作『漢光類聚《かんこうるいじゅう》』などにみられるもので、次の四段階の興廃を説く（多田他、一九七三、二二五頁）。

1、爾前《にぜん》（法華経以前）　煩悩非菩提
2、迹門《しゃくもん》（法華経の前半）　煩悩即菩提
3、本門（法華経の後半）　煩悩即煩悩、菩提即菩提
4、観門（観心）　非煩悩、非菩提

『法華経』は天台の五時教判では最後の第五時に説かれたもので、それゆえ最高の教えとされる。そこでまず、『法華経』以前に仏が説いた教え（爾前）と、『法華経』とが区別される。『法華経』のなかでも、方便品《ほうべんぼん》を中心とした前半部分（迹門）と、如来寿量品を中心とした後半部分（本門）では、後半のほうが深いとされる。

ただし、これらの内容は実際に経典に説かれているわけではなく、理論的な段階を経典の順序に結びつけたものであり、内的な必然性はない。それゆえ、教判ではあるが、先に考察した法然の場合のような聖典解釈学とは異なっている。

爾前の「煩悩非菩提」では、煩悩と菩提（悟り）はまったく断絶し、別のこととされる。それゆえ、菩提を得るためには、煩悩を完全に捨てなければならない。迹門の段階では、煩悩と菩提が「即」で結ばれる。これは、煩悩と菩提が根底においてはひとつであることを意味する。それゆえ、煩悩を捨てるのではなく、煩悩を転換して菩提にいたることが可能となる。

本門の「煩悩即煩悩、菩提即菩提」は、日本の本覚思想に特徴的な思想である。迹門の段階では、煩悩と菩提は根底においてはひとつであるが、実際には煩悩の状態から菩提の状態へと進まなければならなかった。

ところが、本覚思想では、それではまだ程度が低いとされる。煩悩は煩悩のままでよく、菩提へと転ずる必要はない。地獄は地獄のままでよく、草木は草木のままでよい。あるがままの自己同一性（A＝A）が肯定され、修行不要論となる。このような思想は、本覚思想の代表的文献『三十四箇事書《さんじゆうしかのことがき》』にもっとも典型的にみられる（末木、一九九三）。

しかし、『漢光類聚』では、この自己同一の立場がなお低いとされ、その上に観心の立場が立てられる。『法華経』解釈に当たって観心釈を立てることは、天台の『法華文句』などにもみえるが、四重興廃ではそれを応用し、通常いわれる本覚思想をなお浅いものとして、その上に「非煩悩、非菩提」を立てる。

これは、先の「超四句、絶百非」や絶言四句と同じく、言語的な表現をすべて超えた境地であり、そこでは菩提（悟り）も否定される。ここでは『法華経』の文面が超えられ、その真髄を体得することが求められる。そこには、禅の影響もあるのではないかと推定される。これも本覚思想の発展形であるが、第三段階の本覚思想とは異なっており、私は、第三段階の本覚思想を本覚思想Aとおよび、第四段階を本覚思想Bとよんで、区別することが必要と考えている（末木、二〇〇八、第三章）。

四句分別とくらべてみると、第一、第二が常識的な論であるのに対して、第三が全肯定、第四が全否定になる点で、基本構造がよく似ていることが知られる。四重興廃は、必ずしも自覚的になされたのではないかもしれないが、結果的に四句分別を教判に応用したものと考えることができる。

無住による四句の体系

四句分別の応用として、無住道暁《むじゅうどうぎょう》の『聖財集《しょうざいしゅう》』の体系を挙げることができる。無住は、上述のように『沙石集』の著者として知られるが、鎌倉時代後期に諸宗を学び、律・密・禅・浄土など諸行を併修した仏教者として知られている。その諸行併修を理論づけた著作が『聖財集』である。

無住は、「煩悩即菩提」という原則を掲げながらも、煩悩をそのまま肯定するような本覚思想的な発想を拒否する。すなわち、「仏、機ヲ見テ説法シ玉ヘリ。故ニ、増上慢ノ者ノ為ニハ煩悩ヲ断ジテ菩提ヲ得ト説キ、増上慢ナキ人ニハ煩悩ノ性即菩提ナリト説キ給ヘリ」(『聖財集』の引用は、『中世禅籍叢刊』五にもとづく。同、三八八頁)と、「煩悩ノ性即菩提」と「煩悩ヲ断ジテ菩提ヲ得」という二つの立場は、それぞれ相手に応じて説かれたものだとして、「煩悩即菩提」を相対化し、それを絶対的なものとして振り回すことを批判する。世間的な煩悩であっても、それを悟りへと振り向け、あくまでも信・戒・慚・愧・多聞・智恵・捨離という七種の聖財を求めて、悟り・涅槃を目標としなければならない。

それでは、どのように涅槃を求めたらよいのであろうか。無住は一宗一派に偏ることを戒める。「仏道に入る因縁も、人によりて、その愛敬し信解する法門異なり。此故に仏、万機をもらさず、方便をほどこして、八万四千の法門を説き給へり」（『沙石集』岩波文庫、上一五七頁）といわれるように、仏はさまざまな道を説いているのであるから、その人にあった道にしたがえばよいのである。

『聖財集』の本論は、このような立場を明白にするために、一〇の四句をもって論を進めている。一〇の四句は、第一・今世後世《こんぜごぜ》四句、第二・外典内典《げてんないてん》四句、第三・神明仏陀《しんみょうぶつだ》四句、第四・多聞智《たもんち》恵《え》四句、第五・福徳智恵《ふくとくちえ》四句（以上巻上）、第六・解行《げぎょう》四句、第七・乗戒《じょうかい》四句、第八・根遮《こんしゃ》四句、第九・染浄《ぜんじょう》四句（以上巻中）、第十・禅教《ぜんきょう》四句（巻下）である。ただし、そのそれぞれがまた細分されていたり、副次的な項目をもっているので、実際の構成はもっと複雑である。

この項目からも知られるように、無住はみずからの主張を表すのに、四句を用いて整理しているのが特徴である。その四句はじつは四句分別の四句の立て方と異なっていて、二つのことを較べ合わせて価値的に優劣を判断するのである。たとえば、今世後世四句をみてみると、次のようにいわれている。

今生富貴ニシテ後生悪道ニ沈マント、今生貧賤ニシテ後世ニ人天浄土ニ生セントハ、両単句ノ中品ナリ。今世富貴ニシテ後世人天浄土ニ生ゼンハ倶ノ句、上品ナリ。今世貧賤ニシテ後世道ニ沈マンハ非ノ句、下品ナリ。(『聖財集』、三九三頁)

表にすると次のようになる。

今世	**後世**		
富貴（＋）	悪道（－）	単句	中品
貧賤（－）	人天浄土（＋）	単句	中品
富貴（＋）	人天浄土（＋）	倶句	上品
貧賤（－）	悪道（－）	非句	下品

このように、二つの価値を組み合わせ、いずれも望ましい場合（倶句・上品）、どちらか一方だけが望ましい場合（単句・中品。これには二つの場合がある）、いずれも望ましくない場合（非句・下品）の四つに分けるのである。

それを一般化すると、次のようになる（末木、二〇〇八、第八章）。

A	B		
＋	−	単句	中品
−	＋	単句	中品
＋	＋	倶句	上品
−	−	非句	下品

通常の四句分別が、ひとつの事柄に関して肯定と否定とを組み合わせて四つの場合を立てるのに対して、無住は二つの事柄に関して、価値判断という点から四つの場合を分けるのである。これは、無住の多元的な価値観にきわめて都合がよい。なぜならば、単一の価値ではなく、複合的に順位を立てて選択できるからである。

他の例で、禅教四句の場合をみてみよう。

禅	**教**

知（＋）	不知（－）	単句	中品
不知（－）	知（＋）	単句	中品
知（＋）	知（＋）	倶句	上品
不知（－）	不知（－）	非句	下品

禅と教とをともに知っているのが上品の倶句で、いずれも知らないのが下品の非句であり、いずれか一方だけ知っているのが中品の単句になる。禅と教の両方につうじているのがいちばんよいが、いずれか一方を知っていれば、どちらも知らないのよりは優れているということになる。

このように、無住は四句分別を応用して変形することで、多元的な価値の可能性を理論づけることができたのである。日本における四句分別の展開のひとつとして注目に値しよう。

多様な論理

以上、日本仏教における論理的な思考のあり方を、具体的な例を挙げながら検討した。まず形式論理の因明《いんみょう》の受容を検討した。日本においても決して形式論理が無視されたわけではなく、それなりに重視され、応用されてきた。しかし、そもそも中国を介して誤解が積み重なっていることもあって、必ずしもそれが正しく理解されたわけではなく、やがて衰退していくことになった。しかし、それでは日本仏教が非合理的で、論理をもたないかというと、そうではない。ひとつには、聖典を典拠とする聖言量《しょうごんりょう》に基づく聖典解釈学としての教判論《きょうはん》の展開がみられる。また、四句分別を応用という観点からみると、天台本覚思想における四重興廃の教判や、無住の多元的な価値観を可能とする四句の応用がみられる。

このようにみれば、日本仏教が非論理的だという俗説は受け入れられない。西洋的な、あるいはインド的な形式論理がそのままの形で通用しなくても、だからといって、論理的でないとはいえない。ゲーデルの不完全性定理は、自然数の体系においてさえも排中律《はいちゅうりつ》が成り立たず、古典論理学がつねに通用するわけではないことを証明した。論理自体が必ずしも一元的、普遍的なものではなく、多様な可能性をもつと考えるべきであろう。

本章ではさらに、鈴木大拙によって定式化された「即非の論理」の問題や、安然《あんねん》の一即多の教判論の問題なども取り上げたいと考えていたが、すでに紙数が尽きている。別の機会に譲りたい。

第二章

世界：日本の世界像

須弥山と神国

世界像の三類型

「世界」というと、現代語では通常、この地球を人間の住んでいる場という観点からみたものを意味している。したがって、地球上でも海よりは陸地が中心に考えられ、その陸地は国境によって区切られて、すべての土地がどこかの国に所有されていることが当然とされている。しかし、これはもちろん近代以降のことであり、それを遡るとき、「世界」の様相はまったく異なってくる。「世界」という言葉には、もう少し違うニュアンスもある。この宇宙全体を「世界」とよぶこともあるし、「世界観」というと、さらに抽象化されたニュアンスになる。ここで「世界像」とよぶときは、これらを考慮しながら、必ずしも厳密に規定せずに、やや幅広く考える。

日本で受け入れられた世界像は、おそらく三つのパターンに分けられる。ひとつは、仏教に由来し、この世界は須弥山《しゅみせん》を中心としているというもので、インドに由来し、仏教とともにもたらされた。人間が住む世界（南贍部洲《なんせんぶしゅう》、南閻浮提《なんえんぶだい》）ではインド（天竺）が中心とされるが、仏教伝来の流れにおいてインドと日本のあいだに中国（震旦《しんたん》）がおかれた三国史観と緊密に結びついている。主として、古代から中世に広く受け入れられた。

第二は、この地上の世界は天の支配のもとにあるとするものであり、儒教などの中国思想に由来する。その由来から知られるように中国中心的であるが、日本の記紀神話もまたその影響下にあり、その解釈から日本中心に組み替えられる可能性をもつ。キリシタンも「天」の語を使う限りにおいて、この世界像の枠で理解できる。その理論的な展開は、近世に著しい。

第三のパターンは、このように人知を超えた超越的なものを認めない立場で、唯物論や文化相対主義的な立場から、第一、第二のパターンを否定するものである。必ずしも数は多くないが、近世の思想のなかにみられる。

ここでは、第一、第二の世界像を中心に検討し、第三については最後に簡単に触れたい。

須弥山世界と日本

ハーヴァード大学美術館に「五つの仏教地図」（Five Buddhist Maps）というタイトルで所蔵されている巻子《かんす》一巻がある。実物は二〇一二年五月に阿部龍一教授のご配慮で拝見させていただいたが、必ずしも十分に調査したわけではない。しかし、今日では同美術館のウェブサイト上に詳細なデータとともに、全体の図像が掲載されており、簡単に見ることができる（http://www.

harvardartmuseums.org/collections/object/202319?position=0）。「五つの地図」というのは、①日本地図、②「天竺図」と題された閻浮提《えんぶだい》図、③無熱池をめぐる四大河図、④須弥山《しゅみせん》世界の平面図（四大洲）、⑤須弥山世界の巨大な立体図である。

巻子の表題は『日本 幷《ならびに》 須弥諸天図』となっている。奥書によると、応永九年（一四〇二）成立で、著者名は隆意とある。この地図については、早くRosenfield他の図録（一九七三）に紹介され、近年、小峯（二〇一〇）、高（二〇一〇）、村井（二〇一四）などに取り上げられている。

五つの図のうち、①は中世に広く流布した日本地図の様式で、「行基図《ぎょうきず》」とよばれるものであり、黒田日出男の著作（黒田、二〇〇三）によって広く知られるようになった。もちろん、奈良時代に実際に活躍した行基とは直接関係なく、中世に超人化された行基と結びつけて普及した。鎌倉時代の遺品として、称名寺《しょうみょうじ》本（金沢文庫保管）や仁和寺《にんなじ》本（一三〇五）などが知られている。

ハーヴァード本にもまた、「行基菩薩の図する所なり」と書かれている。行基図は日本を密教の法具である独鈷《とっこ》の形とみなし、それによって神聖化している。本図もまた、「此の土の形、独鈷の頭の如し。仍《より》て仏法滋盛なり」と書かれている。「独鈷の頭」であって、その全体でないところが注目されるが、このことは『拾芥抄《しゅうがいしょう》』（一四世紀成立）所収の図の説明と一致する。それだけでなく、この図の説明は『拾芥抄』の説明の途中までとほぼ同じで、そこでは、「又、形、

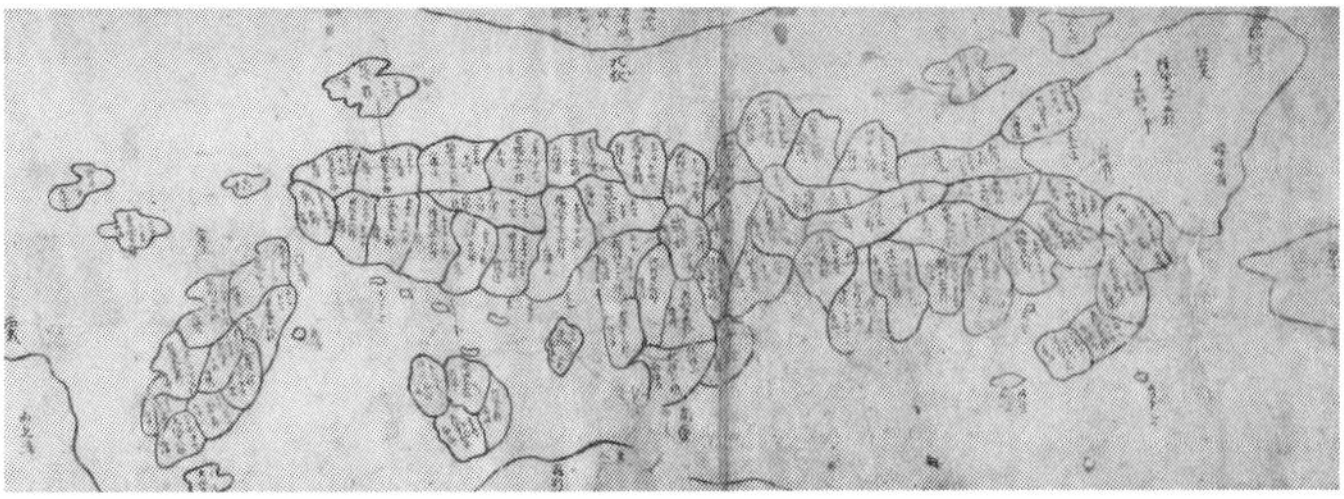

①日本地図（部分、「五つの仏教地図」）　ハーヴァード大学美術館所蔵「日本并須弥諸天図」の最後に付されたもの。左欄外に「行基菩薩之所図也」などの説明がある。

宝形の如し。仍て金・銀・銅・鉄等の珎《たから》有り、幷に五穀豊稔なり」ともいわれ、国土の豊かさを言祝《ことほ》いでいる。

ただし、図そのものは『拾芥抄』とは異なり、北に雁道、南に羅刹《らせつ》州などがみえ、称名寺本と近い古形を示している。中世の日本は、海を隔てて中国や朝鮮につながっていただけでなく、このような異界ともつながっていたのである。

称名寺本は西日本部分だけしか現存していないが、その周囲を囲んでいる太い枠は、鱗をもった蛇状であり、龍と考えられる（海野、一九九九、一〇七頁）。すなわち、日本はその周囲を龍に守られ、異界から隔てられていたのである。ただし、そのような守護神としての龍はハーヴァード本にはみられない。

ところで、ハーヴァード本の特徴は、このような日本図がそれだけ独立しているのではなく、②～⑤の図と一連になっているところにある。巻頭からみていくと、①からはじまり、⑤の須弥山図で終わるようになっているが、内容からみると、逆の順番にみていくほうがわかりやすい。すなわち、⑤で須弥山世界の立体的な構造を明らかにし、④でそのなかの四大洲の位置関係を平面図によって示し、そのうえで②と③は四大洲のうちでも人間の住む閻浮提世界へと焦点を当て、最後に①で我々が現実に生きている世界である日本に収斂《しゅうれん》することになる。①の行基図は、②〜⑤の仏教的な世界像の延長上に理解されるのである。

そもそも、「世界」という言葉は仏教語であり、梵語のローカ・ダートゥ loka-dhātu の漢訳からきている。「ローカ」が「世」と訳され、「ダートゥ」が「界」と訳されるので、その二つをくっつけた訳語である。「ローカ」は我々の生きている場であり、「ダートゥ」は区分された構成要素を意味するので、「ローカ・ダートゥ」は、領域に分けられた我々の生存の場とでもいう意味である。

⑤須弥山世界立体図(部分、「五つの仏教地図」)　須弥山の基底部分で、周囲を山脈と海が囲む。

中国では、「世は遷流なり、界

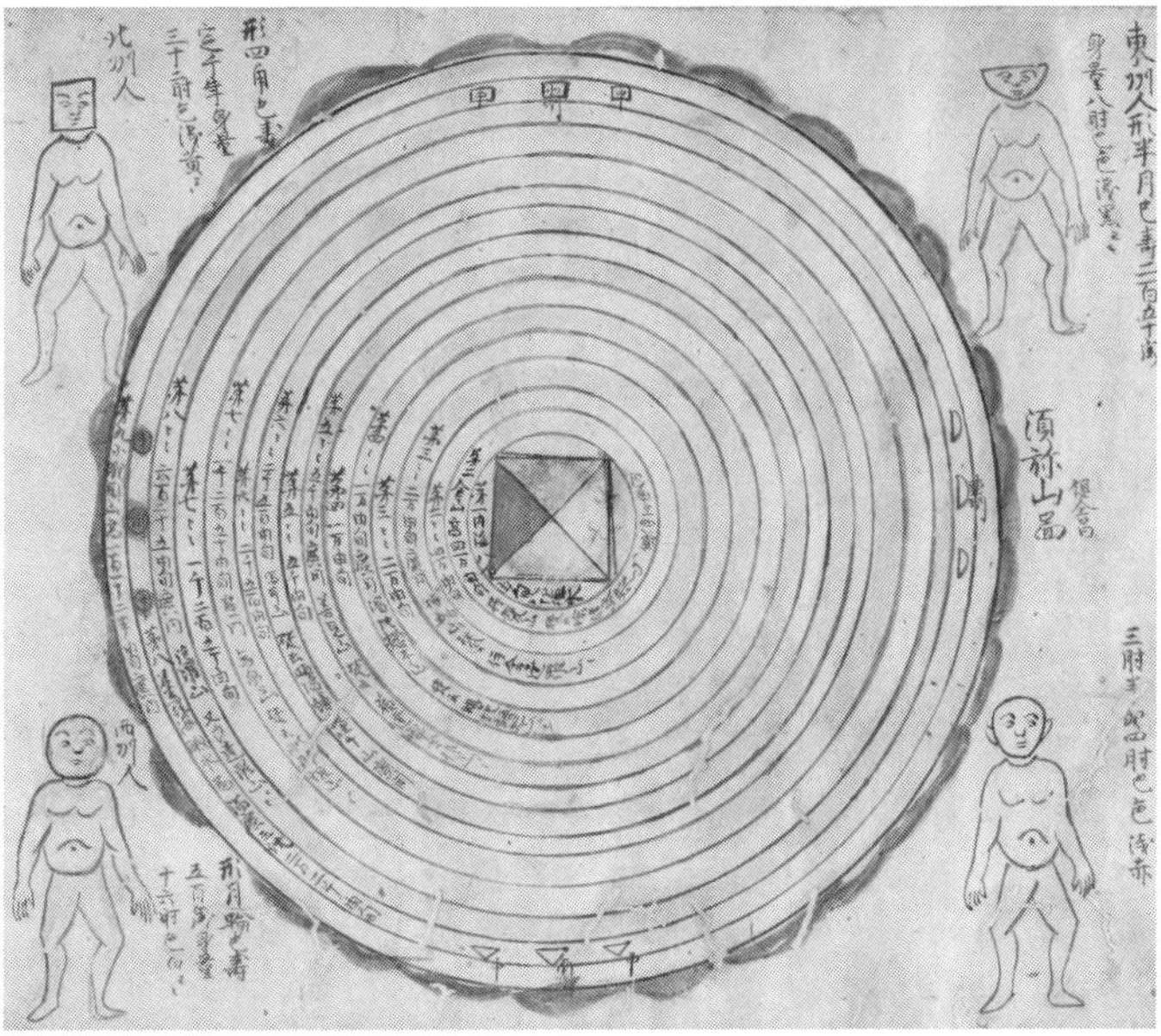

④須弥山世界平面図（部分、「五つの仏教地図」）　須弥山の周囲を七重の山脈と海が囲み、その外海の四大洲に異なる種類の人が住む。

は方位なり」（『楞厳経《りょうごんきょう》』四、大正蔵一九、一二二下）と、それぞれ時間・空間に宛てる説明も用いられた。その世界は、衆生世界と器世界に分けられる（『翻訳名義集』中、大正蔵五四、一〇九五中）。衆生世界は主体たる有情（衆生）のあり方で、六道を輪廻し、器世界は主体が身を置く環境世界である。須弥山世界というときには器世界的な意味合いであるが、もちろん衆生世界と無関係ではない。なお、「世界」は「世間」ともいう。

須弥山世界の構造は、東アジアでは基本的に『阿毘達磨倶舎論《あびだつまくしゃろん》』

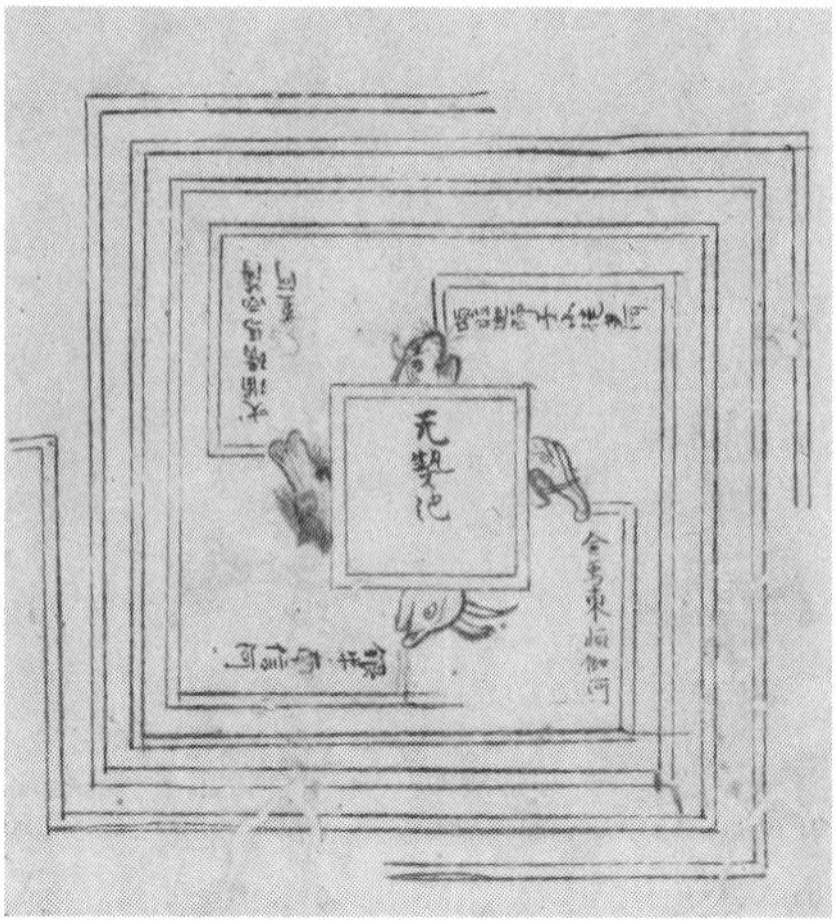

③四大河図（部分、「五つの仏教地図」） 南閻浮提の中央に無熱池（阿耨達池）があり、そこから四本の大河が流れ出している。

の説に基づいて理解され（その概略は、定方、一九七三参照）、ハーヴァード本⑤もそれに基づいて描かれている。最下部を風輪・水輪・金輪に支えられ、最外辺を鉄囲《てつち》山《せん》とする同心円の山と海に囲まれた中央に須弥山が聳《そび》えている。全体として、九山八海といわれる。

　須弥山の頂上は帝釈天が住む忉利《とうり》天《てん》であるが、ハーヴァード本ではさらにその上空に欲界の六天のうち四天、色界四種一七天、無色界四天まですべて描かれている。なお、仏教では、命あるもの（有情・衆生）は地獄・餓鬼・畜生・修羅・人・天の六道を輪廻するとされている。本図では直接は描かれないが、地獄などについても記述がある。

　このような須弥山世界が一〇〇〇集まると小千世界、それが一〇〇〇集まると中千世界、さらにそれが一〇〇〇集まると大千世界であり、三千大千世界ともよばれる。それが一仏の教化する世界（仏国土）であり、この世界は釈迦仏が教化する娑婆《しゃば》世界である。須弥山世界図ではそこまでは描かれないが、東大寺大仏蓮弁《れんべん》には多数の須弥山世界が寄り集まる世界の構造が描かれている。さらにその外に、阿弥陀仏の極楽世界のように、他の仏の仏国土があるのであり、その世界像は壮大なものがある。

ハーヴァード本に戻ると、④は須弥山を中心とした九山八海の様子を平面図として示しているが、その最外辺の海中の四方に四大洲とよばれる大陸がある。東勝身《しょうしん》洲は半円形、南贍部《せんぶ》洲（閻浮提）は台形、西牛貨《ごか》洲は円形、北倶盧《くる》洲は方形である。それぞれ異なる種類の人間が住んでいるが、南閻浮提が我々の住む世界である。

それを描いたのが②であるが、じつはこれもまた『拾芥抄』所収の図ときわめてよく似ている。ただし、『拾芥抄』では、日本図とは別に収録されていて、一体化されていない（なお、『拾芥抄』でも本図を収めていない写本もある）。ここでは、逆台形の上半分の中心に無熱池があり、下半分に五天竺が描かれている。右側（東方）には、契丹・唐土・安息（パルチア）などがみえるが、注目されるのは、台形の外に高麗があることである。これも『拾芥抄』と一致し、このタイプの図が高麗の官儒尹誧《ユンポ》（一〇六三―一一五四）の「五天竺図」の流れによるためと考えられる（海野、一九九六、九八頁）。

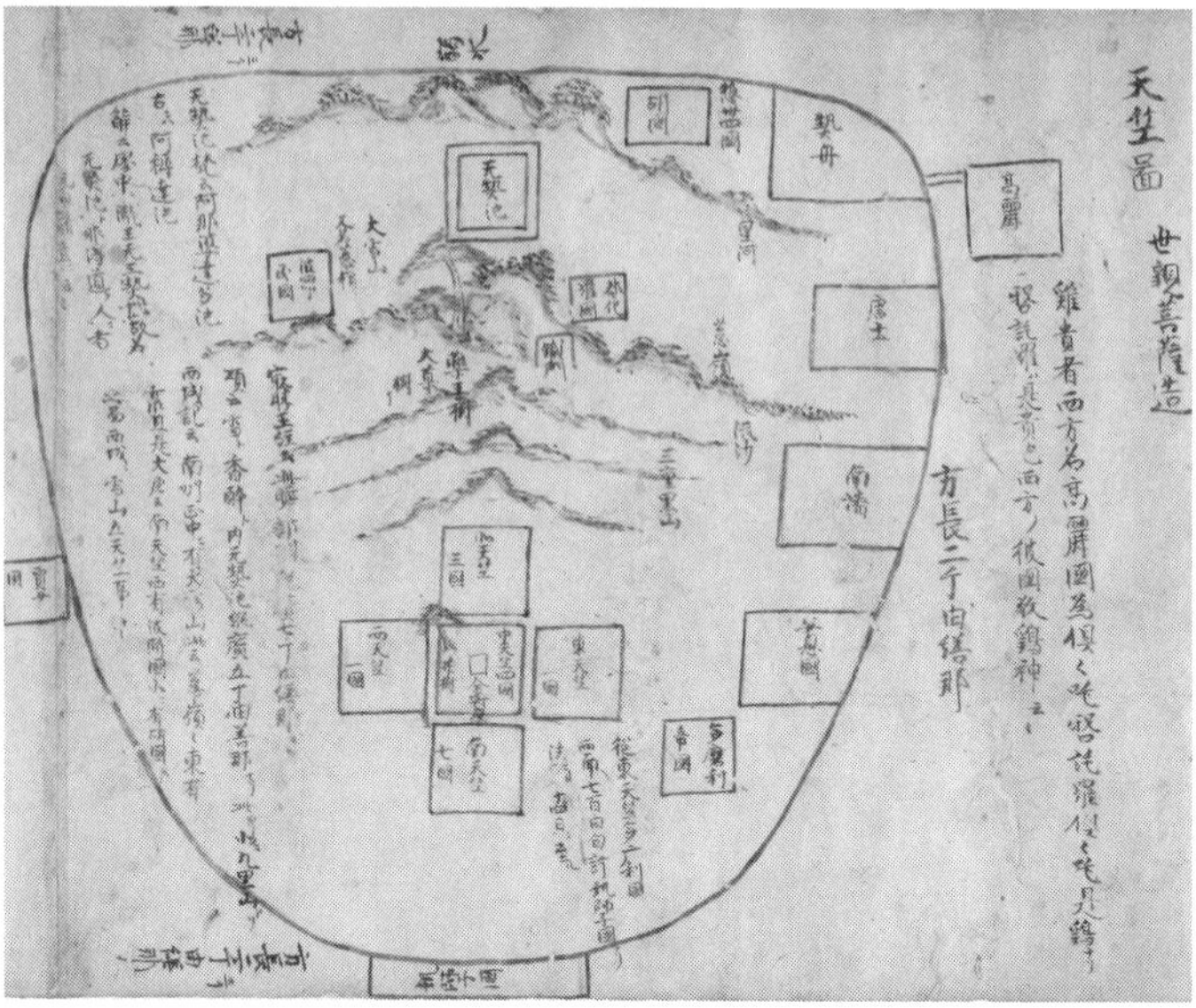

②天竺図（部分、「五つの仏教地図」） 南閻浮提は逆台形であり、インド亜大陸（＝天竺）をイメージしている。無熱池の南の大雪山はヒマラヤである。

こうしてみると、⑤から②までの図のなかに日本は現われない。すなわち、須弥山説を表わした⑤から②までと、日本の行基図①とは、必ずしもうまく接合していない。②の変形である法隆寺本「五天竺図」（一三六四）では、高麗が日本に変えられており（海野、一九九六、一〇〇頁）、それであれば日本の位置もわかるが、その原形を留めるハーヴァード本では、仏教的な須弥山世界像と日本の自己認識のあいだは接続をもたず、断絶が生じている。すなわち、行基図は必ずしも須弥山世界像から出てくるものではなかった。

それでは、須弥山世界のなかに日本を位置づけることはなされなかったのであろうか。すでに平安初期の法相宗の護命《ごみょう》の著作『法相研神章《ほっそうけんじんしょう》』（八三〇）に、「南洲の中に二の中洲あり。二の中洲の中、遮末羅《しゃまら》洲は日本の国に当るなり」（大正蔵七一、二中。末木、一九九三、一〇六頁参照）と、中洲のひとつとしている。その位置づけは小洲ではなく、ある程度高かったのであるが、中世になると、末法意識とセットになって、かえって日本は粟散《ぞくさん》辺土（粟粒のような辺境の小国）のひとつに落ちてしまう。

後述のように、覚憲『三国伝灯記』では、遮末羅洲説をとりながら、それを辺土・小国とみなしている。その小国意識がどうして日本中心の神国論に転換するのであろうか。

「神国」の思想がもともと粟散辺土意識と無関係でなかったことは、今日明らかになっている（佐藤、二〇〇三、伊藤、二〇一二など参照）。すなわち、粟散辺土の衆生を救済するために、仏は神として現れたという本地垂迹《ほんじすいじゃく》説に基づいていた。それが、自国意識の高まりのなかで日本中心の神国論に転換したと考えられている。基本的な流れはそのとおりであるが、ハーヴァード本における須弥山中心世界像と行基図とが接合しながら、しかもじつはずれている重層的な関係は、二つの思想の微妙な関係を象徴しているということができよう。須弥山世界のなかでは地図に出ないほどの辺土小国でありながら、独鈷や宝形で、「金・銀・銅・鉄等の珎有り、并に五穀豊稔なり」という豊饒に満ちた誇るべき国柄という二重性をもつことになるのである。このことは、あいだに震旦をはさんだ三国史観においても指摘されるところである。

三国の複合的関係

須弥山世界像のインド中心観は、仏教の伝来の過程から三国史観を発展させた。三国とは、天《てん》竺《じく》(インド)・震旦《しんたん》(中国)、そして日本であり、そこに中央アジアや朝鮮が欠けていることはしばしば指摘される。しかし、その三国にしても、対等に並ぶわけではない。そのことを考えてみよう。

『宝物集』は鹿ケ谷《ししが》の密議に連座して鬼界島《きかいがしま》に流された平康頼《やすより》が帰還後に書いた説話集であるが、その舞台は嵯峨の清涼寺《せいりょうじ》(釈迦堂)に設定されている。清涼寺の釈迦像は奝然《ちょうねん》がもたらしたもので、三国伝来の生身仏《しょうじんぶつ》として信仰されていたが、その釈迦像が天竺に帰るというので、大勢の人が押し寄せたという。康頼もまた、「吾朝日本国の不思儀には、此仏おはしますを志たんめるに、まことならば心うく悲しくぞ侍るべき」(『新日本古典文学大系』四〇、四頁)と思って、参詣に訪れる。

そこでは、寺僧がこの釈迦像の由来を語っている。釈迦仏が摩耶夫人《まやぶにん》に説法するために忉利天にのぼったとき、優塡王《うてんおう》が毘首羯磨《びしゅかつま》に頼んで栴檀《せんだん》で仏の似姿を彫らせたというのは、仏像の起源譚としてよく知られているが、その仏像を鳩摩羅琰《くまらえん》（鳩摩羅什の父）が背負って亀茲《きじ》国に渡し、さらにそれが唐にもたらされたという話も『今昔物語集』などにみえる。奝然はその仏像の模刻を日本に持ち帰ろうとしたところ、夢に仏像が自分を持ち帰るようにと求めたために、ひそかに実物と模刻をすり替えて、実物のほうを日本にもたらしたという（同、一一頁）。その仏像がふたたび天竺に帰るというので、大騒ぎになったのである。

この仏像は三国伝来といわれるが、その価値はなによりも天竺に由来するところにあり、中国はいわば経由地にすぎない。それゆえ、それが天竺に帰るというので大騒ぎになり、その際には唐土は問題とされないことになる。すなわちち、唐土独自の意味はなくなってしまう。

もっとも、実際にはその仏像は宋でつくられたものであるから、その点からすれば、天竺は単なる触れ込みで、現実問題としては中国と日本の関係のなかで生まれた話ということになる。それればかりでなく、奝然の日本請来譚は、鳩摩羅琰の唐土請来譚の延長上に、それをモデルとしてつくられている。そのようにみれば、価値的には天竺との関係が中心となっても、現実の伝来からすれば中国との関係が重みをもつことになる。

ところで、その仏像の価値は、単に天竺由来というだけではない。生前の釈迦の似姿を優塡王が彫らせたもので、釈迦公認の像であった。それればかりでない。釈迦が忉利天から戻るときに、この仏像みずから迎えに行き、釈迦は仏像に、みずからの滅後、「末代の衆生を利益し給ふべき仏なり」と委託したという由来をもつ。すなわち、単なる釈迦の似姿ではなく、それ自体が救済者としての仏である。そして、その仏像が日本に渡ったのも、奝然に命じてみずからの意志で渡ってきたのである。

この仏像が生身の仏とされるゆえんはまだある。この仏像を解体修理した際に、胎内から布製の五臓が発見された（関連する史料は、『大日本史料』長和五年三月十六日奝然寂伝に収録されている）。すなわち、この仏はまさしく内臓をもつという意味でも生身である。しかも、その五臓には梵字が記されているから、単に五臓をもった人間の類似品ではなく、そのものが聖別された仏の身体にほかならない。そのことは、当時一般に秘せられていたとしても、同じように五臓をもつ清凉寺式釈迦像が流行したことを考えると、まったく知られていないことではなく、仏像の生身性を証する究極の根拠であったであろう。

そもそも古代から、仏像をつくるということは、単に仏の似姿をつくるということではなく、仏像はそれ自体が生身の仏であった（長岡、二〇〇九）。清凉寺の釈迦像は、それがもっとも顕著に現われたものである。それゆえに、天竺と日本を直接結ぶ存在であり、さらにいま、末代の日本にじつは仏がいまして、救済を保証する「吾朝日本国の不思議」の根拠でもあった。釈迦から末代救済を託された仏像が、天竺でもなく、中国でもなく、日本にいますのであり、日本はその点で選ばれた地なのである。それゆえ、その仏像が天竺に帰ってしまうということは、日本が見捨てられることになってしまい、大事といわなければならない。

このように、三国伝来の清涼寺の釈迦像の話は、救済という観点からみた三国の関係が、かなり複雑なものであることを物語っている。釈迦仏の出現した地ということで、天竺はもっとも価値が高いが、末代の救済を託された仏像が日本にいますということは、日本の優位を示すものである。しかし、それはあくまでその仏像がいます限りのことにすぎず、不安定である。

中国は、その仏像の中継地にすぎないともいえるが、実際にはその仏像が彫られた地であり、仏像はそこからもたらされたという現実上の優位性をもつ。三国史観とひと口にいっても、三国間の関係は単なる並列ではない。

三国関係に関して、もう少し仏教に内在した文献を検討してみよう。「三国」を謳った仏教史としては、凝然《ぎょうねん》『三国仏法伝通縁起』（一三一一）がもっとも有名だが、それより一世紀以上先だつ著作として、興福寺の覚憲《かくけん》（一一三一―一二一二）の手になる『三国伝灯記』（一一七三）

が注目される。本書は三巻からなるが、近年、東大寺本が発見されて、これまで散逸したと考えられていた中巻も含まれ、全体像が知られるようになった（横内、塙書房、二〇〇八）。上巻で三国の仏法の由来を述べ、次に中巻で諸宗ごとの伝来を述べ、最後に下巻で日本における仏教の状況を述べるという構成になっている。

本書では、日本は「南州の中、二中州中の遮末羅州、是なり」（横内、二〇〇八所収。東大寺本の丁数で二五ウ）と、『法相研神章』の説を継承しているが、そこは「辺土の中の辺土、小国の中の小国」（同、二五オ）とされ、時代的にも「末代末世」（同、一ウ）とされている。しかし他方、「日本国は是れ大乗善根界、人は亦菩薩種姓の類なり」（同、二六オ）と、日本の優位性が主張され、『華厳経』に説かれる金剛山は「即ち我が朝葛木山なり」（同、二六ウ）などと比定される。こうして、ここでも市川浩史が指摘するように、「日本辺土・小国観と勝地観とが併存していたのである」（市川、一九九九、七五頁）。両者は、あたかも須弥山世界図と行基図のように必ずしも論理的に整合しないままに接合されるのである。

そして、その両者の間で震旦（漢土）の地位は「相対的に低下」（横内、二〇〇八、八〇頁）することになる。このことは、諸宗の評価についてもっとも顕著にうかがわれる。覚憲は、「三論・法相は其の根源たり」とするのに対して、天台・華厳については、両宗が中国の論師によって立てられたことをいい、「倶に是れ震旦の義解にして、恐らくは印度の弘経に非ず」（東大寺本、一五ウ）と低く見、真言宗に関しても、「真言秘密宗は大唐玄宗皇帝の代に興ると言うべきなり」（同、一三ウ）と、唐代成立説を立てて批判的にみている。すなわち、横内裕人の指摘するように、「その起宗が印度か震旦かで、宗の差異化・序列化を図っている」（横内、二〇〇八、四四〇頁）のである。

三論・法相を、天台・華厳・真言よりも上位に置く見方はかなり特殊であり、叡山との抗争のなかで、興福寺法相宗の立場を正面から打ち出すという意図をもっていたと思われる（市川、一九九九参照）。そうではあるが、天竺と本朝の二つの極に重点が置かれて、その中間の震旦が位置づけにくくなることは、三国史観のひとつの特徴といえる。先の須弥山図と行基図のセットの場合も、震旦（唐土）は②の右隅に置かれ、周辺的な位置に追いやられている。

中世神道の世界像

ハーヴァード本の場合、一五世紀初頭でも須弥山世界のインド中心説と行基図の日本中心説の接合がみられた。しかし、少し遡って一三世紀終わりから一四世紀に入る頃には、日本中心の神国論が高まってくる。それは、元寇がひとつのきっかけとなっているが、それだけでなく、さまざまな動向のなかで、日本の自国意識が強まってきたことが根底にある。とりわけ神仏関係において、日本の神の位置が高まってくるのと軌を一にしている。そのことは、仏教における本覚《ほんがく》思想の発展とも関係するところがある（末木、一九九三、第十八章）。

神国思想というと、北畠親房の『神皇正統記』の説がもっとも名高いが、世界をその生成から捉えなおした思想としては、むしろ同時代の慈遍《じへん》が注目される。慈遍は天台僧であるが、伊勢神道を受けて、『旧事本紀玄義《くじほんぎげんぎ》』『豊葦原神風和記』などで、独自の神道説を展開した（以下、末木、二〇〇八、第十章による）。

慈遍は根本神として「天譲日天狭霧地禅月地狭霧神」（天を日に譲る天の狭霧、地を月に禅《ゆず》る地の狭霧の神）を立て、次にクニノトコタチとアメノミナカヌシ両神を立てる。「国常立ヲハ一向ニ帝王ノ元祖トシ、天御中主ヲハ人臣ノ祖トシテ、君臣ノ両祖トシ給ヘリ」（『神風和記』、『天台神道（上）』神道大系・論説編三、一七三頁）とされる。両者は分けられながらも、天皇は二つの系統を併せて継承し、統合する位置に立つ。それゆえ、天皇は「天地ニカナフ人」であり、慈遍は「一人」とよんでいる。「天地一大ノ人ナル故ニ一人トハ申ナリ。少モ他ヲワスレテ私ヲカヘリミレハ、更ニ一人ニアラス、是皆民ノ心ナルベシ」（同、一六七頁）。

この点をさらに考えるためには、神代から人世への展開をみることが必要である。慈遍は『旧事本紀玄義』三において、1「冥顕、堺を限る」、2「海陸、途を閉ざす」、3「始終、穢を表す」の三段階として論じている。

> 古は欲念未だ起こらず、その心互いに通じ、身に光明を帯び、他の映を仮ることとなし。故に天地清浄、寿命無量、飛行自在なること、魚の水に遊ぶが如し。然るに妄心漸く起り、浄身は光を失い、天下は闇に転じ、神明は国を照らす。(『旧事本紀玄義』、同、二二頁、原漢文)

すなわち、神代には、欲念もなく、光り輝き自由自在に飛行することができるユートピア状態にあったが、妄心が起ることで、その能力を失い、そこに人世がはじまるというのである。次に、「冥顕、堺を限る」というのは、「冥」と「顕」との区別がはっきりすることである。

> 神代には、天地の如きは未だ遠からず。神祇を論ずと雖も、亦《ま》た冥顕遥かにあらず。人世には、天地、永く去り、清濁宛《さなが》ら異なり、冥顕各別なる所以は、謂《いわ》く、陰陽本一なり、一気物に変ず、天地既に分かれ、分かれて冥顕あり。
> (同、一五頁)

もともと神代には天地も冥顕もそれほど隔たったものではなかったのが、人世には両者ははっきりと分かれることになった。その所以を、陰陽一体の「一気」の変化に求めている。陰陽が分かれてはたらくところに、冥顕の別が生ずる。「冥」と「顕」は、慈円の『愚管抄』などに出る概念であるが、顕在化した「顕」の世界に対して、人知を超えた神仏の世界が「冥」である。慈円もまた、「顕」と「密」の乖離《かいり》に歴史の展開をみている。

次に、「海陸、途を閉ざす」が論じられる。これは具体的には天孫降臨以後、地神五代の第四代であるホホデミの代になる。ホホデミは兄と争って海中に行き、トヨタマヒメを妻として陸に戻るが、妻の出産を覗《のぞ》き見《み》したために、妻は海中に戻り、それによって海陸の途が閉ざされたというのである。海陸が隔てられることにより、自在の霊力、神力が失われ、顕の世界は冥の世界への通路を失って、人世が展開することになる。さらに神代から人世への転換として「始終、穢を表す」ということが挙げられる。「穢」の出現により、人世はさらに神代から遠ざかる。具体的には「穢」はイザナギ・イザナミによって男女の相が現れたことが相当する。

このように、慈遍の世界観は、神代から現世へという流れのなかで、この世界の展開を説く。慈遍による神代の飛行自在の天人の姿は、仏典の『世記経《せいききょう》』（『長阿含経《じょうあごんきょう》』）に基づいている（大正蔵一、一四五上）。『世記経』では、世界が成劫《じょうごう》・住劫《じゅうごう》・壊劫《えごう》・空劫《くうごう》の過程を経て、生成と破壊を繰り返すという世界観を展開するが、飛行自在の天人は、世界が成立するときの光音天及びそこからこの世界に生まれた衆生の様子である。仏典の換骨奪胎によって、新しい世界形成論が描かれることになった。

このように、理想的なユートピアである天界から隔てられ、穢れに満ちた現世としての人世が展開することになる。こうして堕落した現世がはじまることになるが、「穢」へと堕落したなかに一貫して「浄」を保つのが「一人」である天皇である。天皇が神代から継承するのは単なる血統だけでなく、まさしくこの「浄」なる本質であり、神代と断絶した人世にあって、神代の本性を継承維持しつづける役割を負うことになる。

この世界が神代から人世に展開したというのは、日本の範囲だけでなく、より普遍性をもつはずである。しかし、記紀神話や天皇は日本だけの特殊な存在である。この普遍と特殊の関係は、近世の儒家の神道論においてもアポリアとなるのであるが、慈遍は、神話や天皇が日本を超えた普遍性をもつとすることで、解決する。神道は普遍的なものであり、天皇は、天地人すべてにかかわる宇宙的絶対者ともいうべき存在に高められる（玉懸、一九九八参照）。

凡《およ》そ諸の有情皆な妄心に順《したが》う。此の妄若《も》し息《やす》めば、必ず真神に通ず。此の真神は天性の理なり。此の天性は日神と成る。若し顕現するにあらざれば、何ぞ益を蒙ることを得ん。是の応体を天照大神と名づく。その恵は普《あまね》く六合《くに》の内を照らし、其の徳は永く百王の位を継ぐ。

（『天台神道（上）』、六八頁）

すなわち、真神＝天性の理であり、それが顕現した姿が日神＝アマテラスである。この日本の神道の普遍性の主張は、民族主義的な日本優越主義となる。「天の御量《みはかり》は独り我が朝に在り。是れ徳の秀でたる所なり。……自餘の百千世界は皆我が朝の為に広く大用を施す」（同、七一頁）といわれるように、日本以外の百千世界はすべて日本のために役立つという役割を与えられることになる。イザナギ・イザナミがまずつくったオノコロ島は、じつは「通じて三界を指す」（同、七一頁）のであり、日本はその三界の中心としての位置を占めることになる。壮大な日本中心論である。

慈遍の『旧事本紀玄義』は、世界生成論や天皇論に関する巻のみが現存し、神仏関係の観などは失われている。その伝持には垂加神道関係者がかかわっている。慈遍の思想は、近世の日本中心的神道論の形成と大きくかかわるものと考えられる。

天と中国

「天」の観念の受容

須弥山中心の世界像は、仏教とともに導入されたインド的な世界像であり、実際にインド（天竺）がこの世界の中心と考えられていた。それは須弥山《しゅみせん》を世界の中心に置き、さらには三千大千世界を説き、この世界の外なる世界の存在を説いている壮大なものである。それが長大な時間のなかで形成・消滅を繰り返すというのであり、時間的にも雄大である。

しかし、須弥山はだれも実際に目にしたことがなく、ましてそれを超えた世界など観念的な想像の産物ともいえる。そこには、実際に目に触れる人間や動物ばかりでなく、地獄から天の神々にいたる目に見えないものたちも含まれている。上述のように、中世には、見える世界である「顕」とそれを超えた「冥」をともに含む世界が当然の前提であった。

それが、中世から近世へと進むにつれ、しだいにこの現象している世界を重視し、現世、あるいは世俗世界中心に変わっていく。それは、生産技術の発展にともなう生産力の増大により、現世を超えた「冥」なる世界に必ずしも依拠しなくても、「顕」なる世界がそれ自体で自立する方向に進むようになってきたことと関連する。それは、冥顕が分かれて、顕が自立化していくという慈遍の歴史観にも示される。

このような現世の自立の方向に合致して、受け入れられるようになったのが、中国に由来する「天」を中心とした世界像である。「天」は、中国古代において、殷《いん》から周《しゅう》へと王朝が移る際に、周が用いた理念であったという(平石、一九九六参照)。殷が用いた「帝」の観念が「王の祖先神、あるいはそれと系譜的につながる関係にあるのにたいし、他方の「天」は、超氏族的、普遍的な理念として成立した」(平石、一九九六、一九頁)と考えられる。

そこで成立した「天」は、いわば至高存在として絶対神的な性格をもつものであったが、その後の発展のなかで、ひと口に「天」といってもきわめて多面性をもつようになった。それは大きく分けて、「人格神、自然の理法、外的(物理的)な天という分類」(平石、一九九六、二四頁)が可能である。「人格神」というのは、外在的、超越的な絶対神的存在であり、その意志を「天命」として表すことになる。「天命」は不変の理法であり、自然にあっては自然法則となり、人間においては道徳原理となる。「外的(物理的)な天」は自然法則的な側面であり、そこから天体・天文の学が発達することになる。その「天」に対して、人間の住む世界は「地」として対照される。「自然の理法」というのは、天の超越性が内在化したもので、それが外面的な世界に関するものになると、「外的（物理的）な天」になるが、上空の「天」だけでなく、万物のなかにも「天」の理法は貫徹していると考えられる。人間の社会では、「天」は道徳律的な側面を強くもつ。当初は王朝の交代を合理化する帝王の徳が問題とされたが、のちには帝王に限らず、政治に携わる士大夫の道徳性にかかわるものとされた。このことは、科挙による官吏の登用と朱子学の御用哲学化によって促進された。朱子学においては、天の命は完全に内在化され、「理」あるいは「性」として、人のなかに本性的に植えつけられているものと考えられた。内在的な道徳性である「性」を発揮することが、人のあるべき道とされるのである。

「天」は、ユダヤ教に由来する西方一神教の「神」と近似した性格をもち、それゆえに、キリスト教が中国に伝来したときに儒教との近似性が説かれ、「天主」という語もそこから用いられるようになった。ただし、一神教的な「神」はあくまでも超越的絶対者であり、内在化することはない。また、場合によっては合理的な法則性で捉えられない非合理的な意志を示すこともあり、その点で「天」と異なっている。

もっとも、中国において「天」の概念がすべて合理化されるかというと、必ずしもそうはいえない。仏教の「天」は、六道の内なる神々及び神々の住む世界のことであり、その点で多神教的な側面をもつが、それは道教のなかに摂取される。道教では、仏教の影響下に三界三十六天を説き、最高位の大羅天には、最高神格である元始天尊が住むとされる（小林、一九九八）。儒教の合理主義的な「天」の観念が、科挙を経て政治にかかわる知識人層に浸透したのに対して、仏教や道教の多神教的な「天」の観念は、より庶民レベルで受容されたと考えられる。

そこで日本の場合であるが、中国との交流のなかで、「天」の思想は早くからさまざまな形で導入されていた。高松塚古墳やキトラ古墳などに描かれた天体図は、それが中国に由来する宗教的な意味をもつことを示している（荒川、二〇〇一、二四―二九頁）。天武朝から八世紀初めに形が整う古代天皇制は、そもそも「天皇」という名前からして中国からきたものであるし（福永、一九八七）、『日本書紀』の冒頭の世界創造の話も、天地の形成からはじまっている。菅原道真を神格化した天満宮が「天神」とされることもよく知られている。

このように、「天」の思想は早くから日本に導入されて影響を与えていたが、そうはいっても、儒教的な「天」が大きな問題になるのは、もちろん近世になってからのことである。このような「天」を中心とした世界像は、仏教の世界像に比べるとはるかに単純ですっきりしている。仏教の世界像では「冥」なる世界が複雑な構造をもつのに対して、「天」中心の世界像では、「天」はあくまでこの現世に対してのみ働くのであって、世俗世界の行為の道徳性が大きな問題となる。その点で、近世の世俗性が重視される時代性に合致していた。しかし、後述のように、近世を単純に世俗主義の進展の一方向のみでみるのは間違いで、実際には、そのなかでしばしば「冥」の世界が新しい形で再編されて登場するのである。

すでに戦国時代から、戦国大名の間で天道《てんとう》思想がかなり広く普及していた。天道思想は人格的な「天」の意向で人の運命が左右されるというもので、一面で人知を超えた天の配剤であるとともに、神仏を崇拝し、道徳的であることが「天道」にかなうと考えられ、それに背くと罰を与えられると考えられていた（神田、二〇一〇、五一頁以下）。天道思想は、近世には民衆化して世俗道徳を普及する力となり、「天道」は太陽と同一視されるようにもなった。

同じ頃、キリスト教が日本に入ってくるが、そこでも「天」は重要な意味をもっていた。唯一神たるデウスは「天にまします我らが御親」（『ドチリナ・キリシタン』、海老沢他、一九九三、二六頁）と表現され、また、死後の楽園は「天のはらいそ」として、「天上はらいそ□《に》おいてそなはる無量のよろこびの御善徳、けらくぢうまん《（快楽充満）》の有様ハ此世界にてうかゝ《（窺）》いはかる道なく、とゝのゑ申事なければ、あらはすへきことば御さあらぬ」（『吉利支丹心得書』、海老沢他、一九九三、一九〇頁）と、天上世界の理想的なありさまが賛美されている。キリスト教的な観念は、中国由来の「天」とは必ずしも一致せず、たとえば、中国的な「天」は、死後に生まれる楽園的な性質を持たない。しかし、両者ともに、我々の世界のはるか上方に絶対的な存在を設定する点では同じであり、天地という垂直軸の発想に基いている。

このような戦国時代以後の思想状況を受けて、近世の「天」の観念が展開されるのである。

日本的華夷論と「天」

儒教は、世界観としては「天」に絶対的な価値を置く構造をもつが、空間的な場における現実的な政治・外交・軍事的領域においては、明確な中国中心説に立つ。それは、中国こそは「天」の命を受けた「天子」たる皇帝が支配する地であり、礼教に基づいた文明的な中華世界であるとして、それ以外の周縁的な地を夷狄《いてき》として差別するものである。それは、「天」の普遍性に基づく観念であり、そこから「天」に従う人間の倫理的基準もまた、普遍的な意味をもつものとされる。普遍的な観念に照らして、中国こそがもっとも進んでいるとみるのである。それはあたかも、近代の欧米文化が文明の進化という観点からみずからの文化をもっとも進んだ普遍性をもつものと考え、その基準の下にほかの文化を文明／野蛮の尺度で序列化したのと同じである。

儒教を採用した日本でも、その華夷観念をそのまま受け取り、中国に対して日本は文明の遅れた東夷とみる見方もなされた。それに対して、日本の文明性を主張する際に持ち出されたのが、泰伯《たいはく》皇祖説である。泰伯（太伯）は周の文王《ぶんのう》の伯父に当たるが、国を弟に譲って南方の蛮夷の地に赴き、呉国を建てたとされる。『論語』泰伯篇で孔子が絶賛している。その泰伯が日本にきて皇祖となったというもので、日本が高度な文明に達していたことを証するものとされる。

この泰伯皇祖説は日本を中国と同等の文明国とするが、それを超えるものとはならない。そこから飛躍して、日本を中国以上にもっとも文明的な世界の中心とみ、そのほかの国を蛮夷として下にみる見方が展開する。それが日本型華夷論とよばれるものである（前田、二〇〇六、第二章など参照）。それは実際の外交上の形式にも適用されるが、それを正当化する思想をいかにして形成するかが大きな課題となった。

この点で大きな展開を示したのが山鹿《やまが》素《そ》行《こう》であった。素行は『中朝事実《ちゅうちょうじじつ》』（一六六九）において、日本のことを「中国」とよぶ。日本が「中国」であるゆえんは、どこにあるのか。素行は、「地は天の中に在り、中又四辺なくんばあらず。而《しか》してその中を得るを中国と曰《い》ふ」（『中朝事実』『山鹿素行全集思想篇』一三、三一頁）と定義する。それは地理的に世界の中心となる場ということであるが、単なる空間的な位置関係だけでなく、自然環境も、聖教の普及も含めて、価値的にももっとも優れているということが求められる。それがかなっているのは、「万邦の衆《おほき》、唯だ中州及び外朝のみ」（同）である。「中州」はもちろん日本のことであるが、「外朝」はいわゆる中国のことであり、その限りでは、日本も外朝も同じレベルとみられる。

それでは、日本がとくに「中国」とよばれ、優越するのはどこに求められるのであろうか。外朝も朝鮮もしばしば王朝が交代している。それに対して、「唯《ひと》り中国は、開闢より人皇に至るまで二百万歳に垂《なん》とくして、人皇より今日に迄るまで二千三百歳を過ぐ」（同、四二頁）といわれるように、「皇統の無窮」なることに求められる。単に神武以来の連続性だけでない。神代と人世とは連続的に捉えられ、その全体が無窮性を証するものとなる。

ここで、記紀神話以来の神代が問題となるが、その原初は、記紀の天地開闢に求められる。「天道は息むなくして高明なり。地道は久遠にして厚博なり。人道は恒久にして疆《かぎり》なきなり」（同、一二頁）といわれるように、まず天地人が定められる。このように、中国的な天地観を導入しながら、その中に記紀神話を入れ込むという構造になっている。

日本的華夷観念をさらに強く推し進め、それを「天」の観念によって理論化したのが、会沢安《あいざわやすし》（正志斎《せいしさい》）の『新論』（一八二五）である。近世初期には主として東アジア世界の中国・朝鮮との関係だけ問題にすればよかったのが、一九世紀になれば、欧米列強の帝国主義的進出の脅威のなかで、強い危機感の下に日本中国説を進展させることになる。それは明治の国体論の源泉として評判が悪いが、その世界像の描き方には注目されるところがある。

本書は、「神州は太陽の出づる所、元気の始まる所にして、天日之嗣《あまつひつぎ》、世々宸極を御したまひて、終古易らず、固より大地の元首にして、万国の綱紀なり」（塚本勝義訳注『新論・迪彝篇《てきいへん》』岩波文庫、九頁）という万世一系説を基本的立場として展開していくが、その国体の議論には、さかんに「天」が出てくる。

夫れ天地剖判《ほうはん》し、始めて人民有りしより、天胤、四海に君臨し、一姓歴歴、未だ嘗て一人も敢て天位を覬覦《きゆ》せしもの有らず。……夫れ君臣の義は、天地の大義なり。父子の親は、天下の至恩なり。　（同、一三頁）

ここで、「天」は世界全体にわたる普遍性をもち、「天胤」の支配は「四海」の全体に及ぶ。「君臣の義」も「父子の親」も、普遍的な倫理道徳である。しかし、実際に「天胤」の支配がなされているのは日本の範囲に留まる。「天」の普遍性は日本という特殊性と重層化されている。「昔、天祖鴻基《こうき》を肇建したまひ、位は即ち天位、徳は即ち天徳、以て天業を経綸《けいりん》し給ふ。細大の事、一として天に非る者無し」（同、一三頁）というに及んでは、「天祖」天照大神の普遍性が正面に出、「万邦に照臨したまへり」（同）と、その支配の範囲は「万邦」にわたることが明白に表明される。世界全体を支配する「天祖」が、「天下を以て皇孫に伝へたまふ」（同）のである。「天」の普遍性は、日本という特殊な場において実現される。「天祖」という漢語自体が、漢籍にない造語である（子安、二〇〇七、六一頁）。

会沢は、「君臣や父子や、天倫の最も大なるものなり」（岩波文庫本、一五頁）と、「天倫」を君への忠と父祖への孝という二点に絞る。「万物は天に原《もと》づき、人は祖に本づく」（同、二三頁）のであって、普遍的な「天」へのかかわりは、特殊な「祖」に報いることでなければならない。臣たる者、君を奉ずることによって、天祖・天胤に従うことができる。こうして「民志一にして天人合す」（同）のである。すなわち、忠孝をつうじて特殊なる「祖」に奉ずることが、普遍的な「天」にかなうことになるのである。

会沢は自説を証するために、『易《えき》』をはじめとする漢籍から多くの引用をして補強する。だが、なぜ隣国の教説が論拠となるのであろうか。それに対して、会沢は、「神州と漢土とは、風気素《もと》より同じく、而して人情も亦甚だ相類せり。故に教を設くるの意甚だ相似たることも亦此《かく》の如《ごと》きなり」（同、二九頁）と答える。神州と漢土とは、それぞれ特殊な場でありながら、風土的にも人情的にも近似しているので、その教えを採用することができるというのである。「天」は普遍的であるが、具体的な生きる場は特殊でしかありえない。しかし、近似した別の特殊の場から学ぶことはできる。会沢が儒者として隣国に学ぶことができる根拠はそこに求められる。

ところで、「変動して居らざるは、天地の常道」（同、九五頁）であり、普遍的な「天」は地域的だけでなく、時代的にも変遷する。それが「形勢」である。会沢は、「地の大洋に在る、其の大なるもの二あり」（同、九五頁）とする。ひとつは「中国及び海西諸国・南海諸国」であり、もうひとつは「海東諸国」（同）である。前者は「亜細亜・阿弗利加・欧羅巴」を含むユーラシアであり、後者は「南亜墨利加・北亜墨利加」である。いまや「西夷巨艦大舶に駕し、電奔《でんぽん》数万里、駛《し》すること風飇《ふうひょう》の如く」（同、九八頁）という情勢にある。

この西夷はみな耶蘇教を奉じている。「耶蘇の中原を闚《うかが》ふこと、三百年にして変ぜず」（同、一三一頁）といわれるように、キリシタン時代からいまにいたるまで、耶蘇が侵略の先兵として神州に敵対することは変わっていないとされる。こうして、「中国」たる日本は、隣国の漢土とは近似し、その教えを受け入れることができるが、西夷の耶蘇教とは徹底的に対立することになる。「天」の普遍性の通用する範囲はきわめて限られてしまい、それでは普遍的といえないではないか、という疑問にぶつかる。

それならば、この偏狭な「天」中心説は時代錯誤的なものとして乗り越えられたかというと、逆に尊皇攘夷の中心的イデオロギーとなって、明治維新を生む原動力となる。そればかりか、開国にともなう西洋の新思想の流入を乗り切り、忠孝の倫理で万世一系の天皇を支えるという基本構図は、教育勅語に受け継がれる。そして、記紀神話を抽象化し、道徳化する発想は、国家神道のなかに流れ込む。会沢の論がこうして生き延びたのは、それが単に過激なナショナリズムの鼓舞ではなく、「天」という普遍性を置きながら、そこに「神州」の特殊性を位置づけようとした理論構造をもっていたからであった。単なる狂信主義と侮ることはできない。

国学的世界像と「天」

本居宣長《もとおりのりなが》が儒教的な「漢意《からごころ》」を排して、日本独自の神々の世界を明らかにしようとしたことはよく知られているが、だからといって、宣長が「天」の思想系譜から自由でありえたかというと、そうではない。宣長自身はまとまった形での世界像を示していないが、『古事記伝』はその末尾に弟子の服部中庸《はっとりなかつね》の『三大考』（一七九一）を収め、そこでは一〇枚の図をもって世界の順次の生成を示し、天《あめ》―地《つち》―泉《よみ》という三層構造を明らかにしている。

すなわち、第一図は天地もいまだ定まらない虚空が円で示され、その中に天之御中主神《あめのみなかぬし》など三柱の神が生まれる。そこに「一物」が生じ（第二図）、それが上下に延びて天地のもととなっていく（第三図）。やがてそれが上方の天、中間の地、下方の泉となるが、三者はいまだ分かれずにつながっている（第四図）。しだいに三者の間がくびれ、また地には海と陸ができる。そのうち、

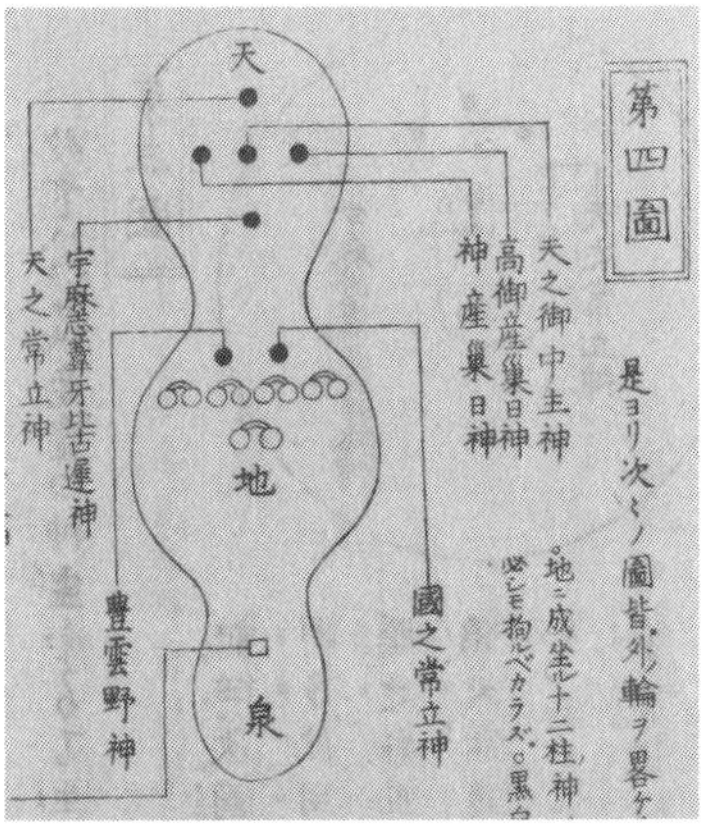

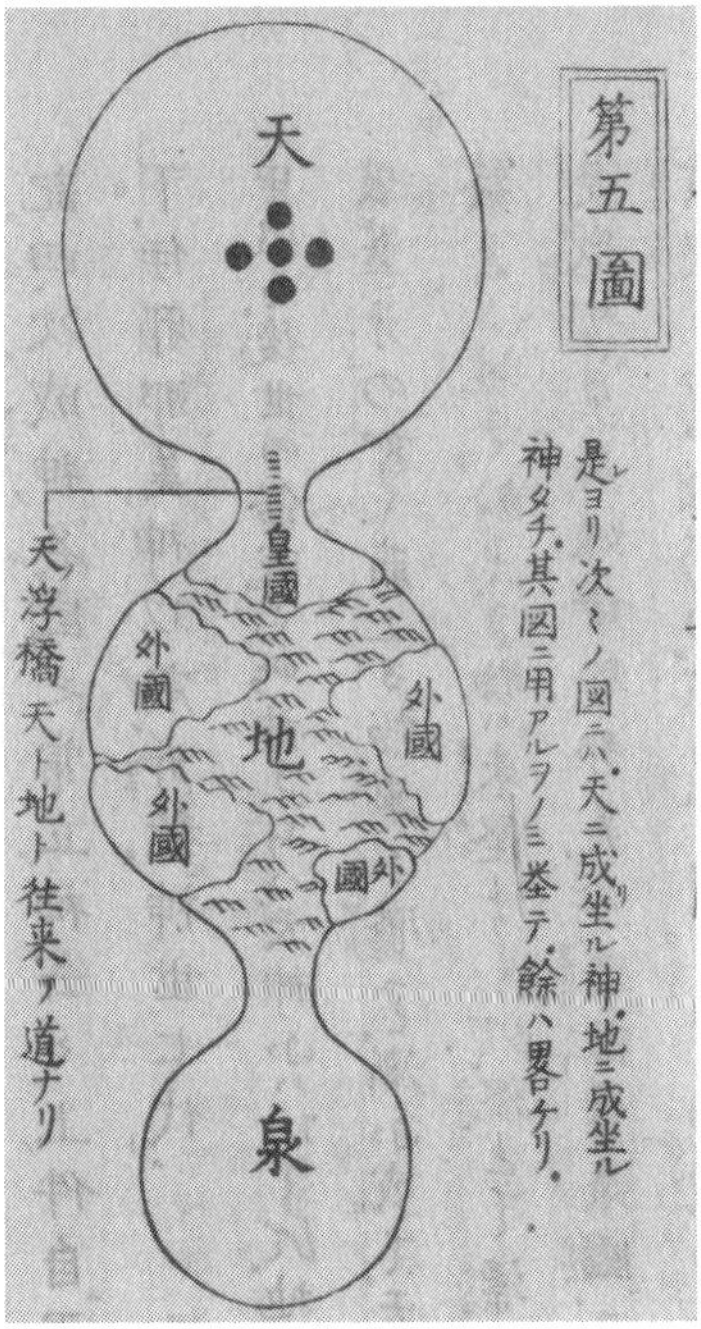

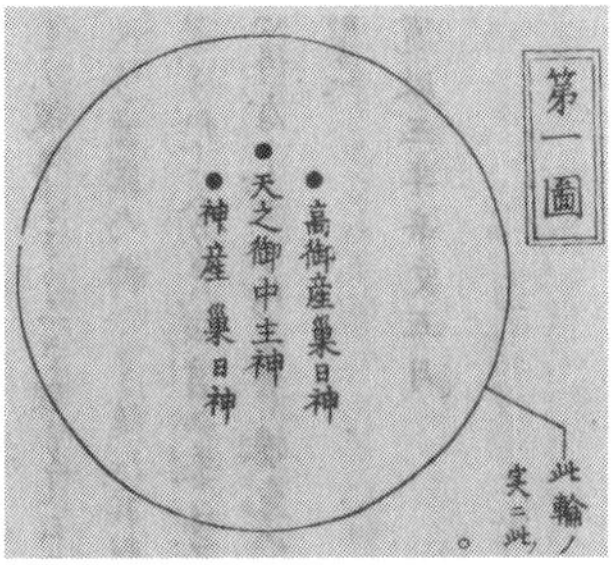

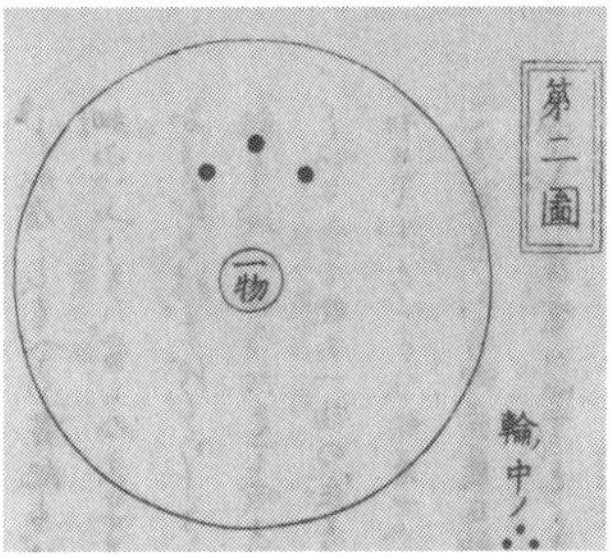

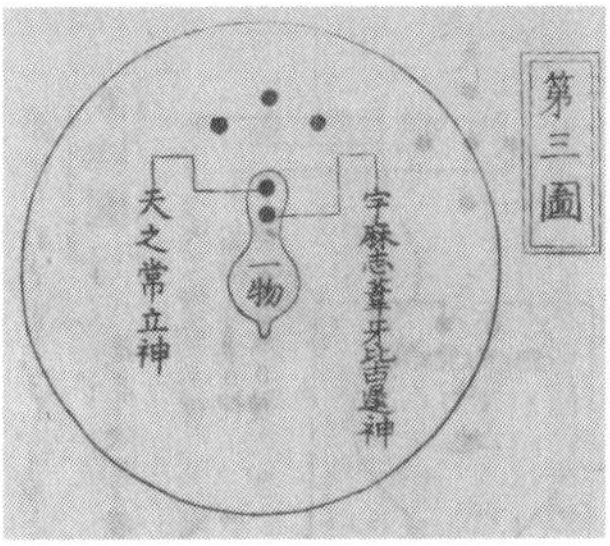

『三大考』第1～5図　服部中庸は、10枚の図を用いてこの世界の生成を説いた。未だ天地の定まらない虚空の状態から、しだいに天・地・泉の三重の世界が形成されてくる。地の中でももっとも天に近いところに皇国がある。

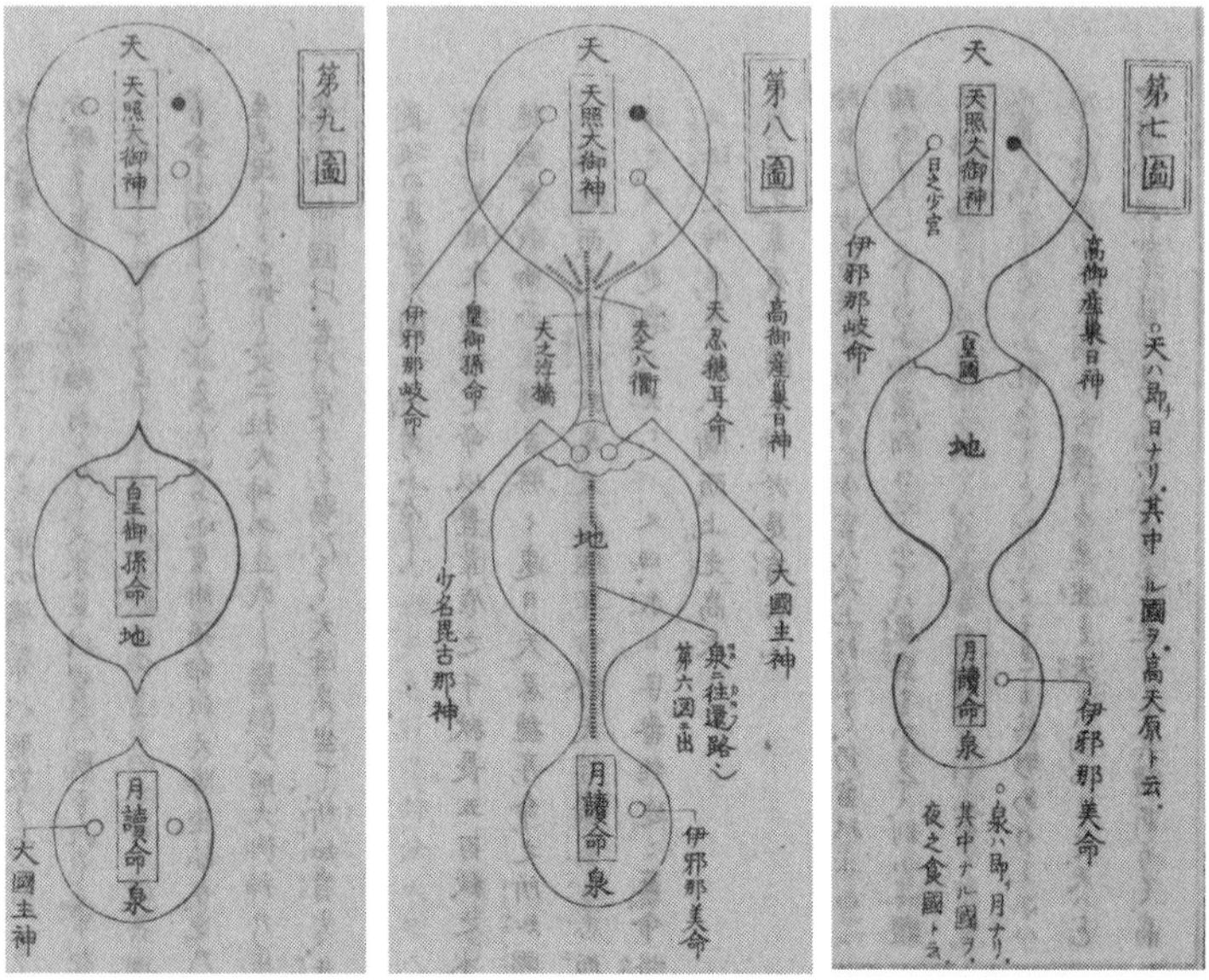

『三大考』第7、8、9図　天・地・泉の間がしだいにくびれ、天は天照大御神が支配し、黄泉は月読命が支配する。天は日(太陽)であり、高天原である。その間にこの世界が位置する。

皇国は外国にくらべて天にもっとも近い位置にあり、天浮橋をとおして天とつながっている(第五図)。

第六図を経て第七図になると、天に天照大神が生まれ、高天原を支配する。中庸は、「日ぞ即チ高天ノ原なりける」(『古事記伝』四、岩波文庫、四〇〇頁)と、高天原は日(太陽)そのものだとして、「大御神は、日の中に坐シます神也」(同)とする。天といっても抽象的なところではない。天体としての太陽なのである。それに対して、「その泉は、即チこれ月にして、月読《つくよみ》ノ命の所知看《しろしめす》国是なり」(同、

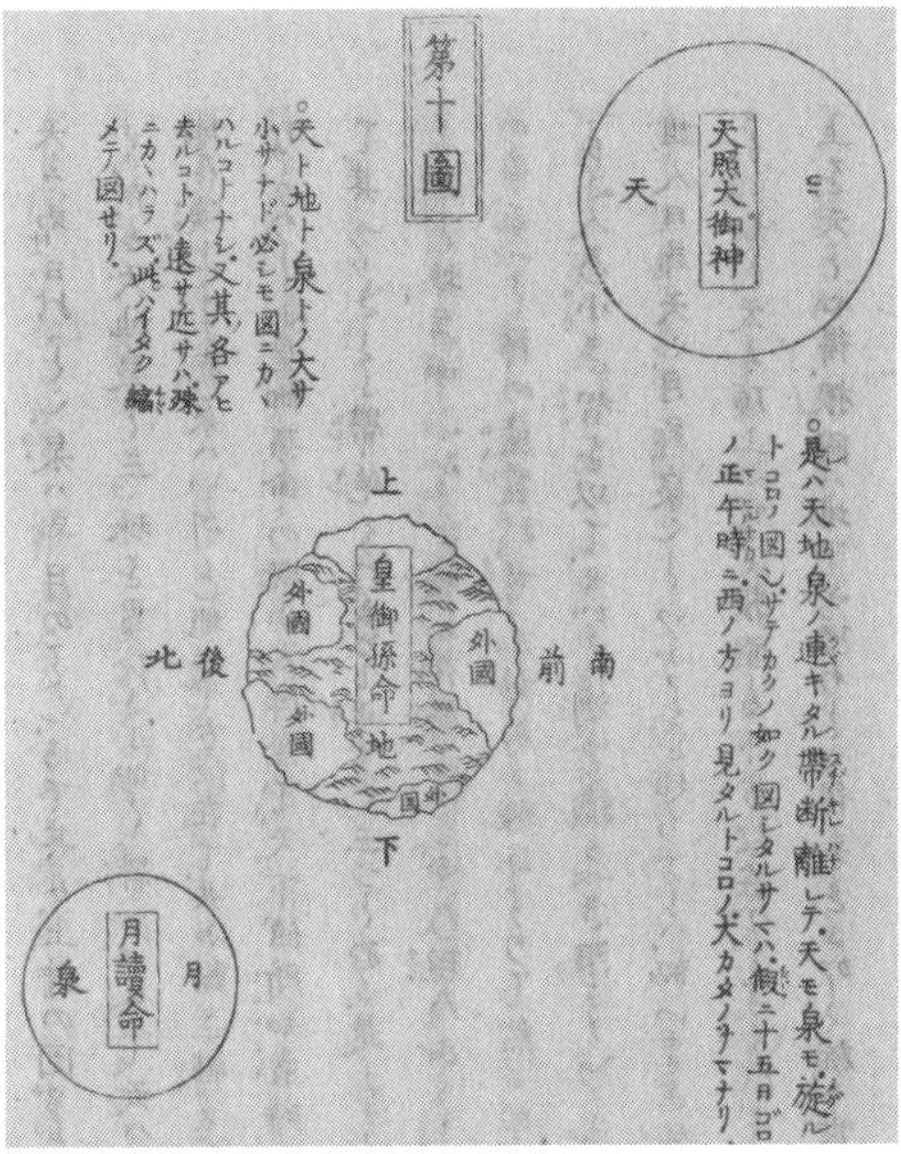

『三大考』第10図　現在の世界のあり方。この世界(地)は天(日)・泉(月)から独立しており、皇御孫命(天皇)が支配する。皇国(上方)と外国は海を隔てている。

四〇三頁）とされる。

第八図では、三者をつなぐ帯はますます細くなり、第九図にいたってついに天・地・泉は完全に分離する。天（日）は天照大御神、地は皇御孫《すめみま》命、泉（月）は月読命がそれぞれ支配する。このことは、皇御孫命（天皇）が日本のみの支配者ではないことを意味する。「皇国はこれ天地の根帯《こんたい》、皇御孫ノ命は、四海万国の大君に坐《シ》ます」（同、四〇九頁）のである。また、死者は屍は地上に留まりながら、魂は泉に下ることになる。

こうして最終的に今日の世界が完成することになる（第十図）。

以上のように、中庸は世界の形成から出発して、天（日）―地―泉（月）の三層構造を上下の関係として立て、皇国を地上でももっとも天に近いところに位置させて、万国の支配的な地位を与えるのである。これは、蘭学をとおして流入した物理学的な天体論を受け入れながら、記紀神話を再編成したものということができる。中庸は、地球説や地動説をも受け入れることができるという。

> 遥なる西ノ国の説に、此ノ大地も、恒に旋転《めぐ》ると云説もありとかや。すべて西ノ国は、さるたぐひの測度《はかりわざ》、いと精密《くはし》ければ、さるまじきにもあらず。さてたとひ大地をめぐる物としても、古ヘの伝への旨に合ハざることもなく、己が此ノ考ヘにも、いささか妨はなきなり。
>
> （同、四一八頁）

天が日、泉が月、地が地球であるならば、地球が回転したとしても基本的な世界観は別に変える必要はない。上下の垂直関係を基本とする「天」の説を継承して、それを日本神話に適用しながら、物理化学的な天体運動説をも受け入れ、さらにそこに皇国中心説を入れ込むという、きわめてアクロバティックで不思議な世界像が形成されているのである。

ちなみに、この『三大考』を基にしながら、それを改変したのが平田篤胤の『霊能《たまの》真柱《みはしら》』（一八一二）である。本書は、基本的に『三大考』にのっとりながら、「人の死にて、其魂の黄泉に帰《い》くてふ説《こと》は、外国《とつくに》より混《まぎ》れ渡りの伝《つたへ》にて、古には、跡も伝もなきこと」（岩波文庫本、一五三頁）と否定し、「その冥府《かみのみかど》と云ふは、此顕国《うつしくに》をおきて、別に一処《こと》あるにもあらず、直ちにこの顕国の内いずこにも有なれども、幽冥《ほのか》にして、現世とは隔たり見えず」（同、一六六頁）と、死者の往く冥府をこの地上世界に設定している。それは、天―地―泉という垂直的な三層説を受容しながらも、その核心的なところを改変し、見える世界である「顕国」の裏に「幽冥」なる領域を設定するという新しい世界観を示している。それは、ある意味で中世の「顕」「冥」の観念の衣替えしたものともいうことができる。

ちなみに篤胤は、皇国が万国の頂上に位置することを、ノア（能安玖）の洪水によって説明している。その洪水が日本に及ばなかったのは、皇国が高いところにあったからだとしている（同、一四一頁）。「外国《とつくに》」の説を大胆に取り入れながら、皇国中心説を補強しているのである。

世界像の展開

蘭学をとおして、西洋の科学的な世界像が日本に入ってきて、海外の情勢に関する知識も増大する。それをもとに、伝統的な須弥山世界や「天」中心論を批判し、合理的な世界像の形成もなされていた。独自の自然哲学を樹立した三浦梅園《みうらばいえん》、唯物論的な立場から伝統的な世界観を批判した山片蟠桃《やまがたばんとう》などの名が思い浮かぶであろう。また、インド・中国・日本の世界観を相対化して、それらの諸説の普遍性を剥奪した富永仲基《とみながなかもと》も注目されよう。

このような開明的で合理的な世界像は、必ずしも十分に根づかず、単発的に終ることになった。蘭学のもたらす知識を受容しながら、それを伝統的な世界像のなかに埋め込み、伝統的な世界像を改造しようとする国学系の世界像や後期水戸学の世界像のほうが、かえって大きな影響を与えることになる。非合理的なものとして嘲笑された須弥山世界像もまた、幕末には普門円通《ふもんえんつう》らの梵暦《ぼんれき》運動として甦り、かなりの広がりをみせる（岡田、二〇一〇、西村、二〇一三）。

須弥山中心の世界像と「天」中心の世界像の二類型、およびそれを批判する世界像の三つが絡みあいながら、近代へと展開してゆくのである。

第三章

自然：宗教と自然

伝統思想のなかの「自然」

「宗教と自然」というタイトルを掲げたが、「宗教」にしても、「自然」にしても、今日のような意味で用いられるようになったのは近代になってからのことであり、それを前近代にそのまま当てはめるのは、必ずしも適当ではない。

「宗教」に関していえば、とりわけ近世の多様な思想のどこまでを「宗教」とよべるか、その線引きは難しい。たとえば、日本の儒教（儒学）は宗教的な要素が少ないといわれ、「宗教」の枠に入るかどうか微妙である。また、近世には、安藤昌益《あんどうしょうえき》をはじめ、「自然」の議論を深めた独創的な思想家もいるが、彼らもまた「宗教」の枠で論じられるか、やはり難しいであろう。それゆえ、ここでは「宗教」といっても必ずしも厳密に定義せずに、幅広く取ることにして、思想史の観点から、自然観の展開をみていくことにしたい。

「自然」の重層性

それ以上に大きな問題になるのは、「自然」をどう解するかということである。近代になって、「自然」は nature の訳語として用いられるようになった。ところが、この「自然」もじつは単純でない。いま、『広辞苑』第六版をみると、いろいろな意味が挙げられているが、そのなかで、いちばん今日の日本で日常的に使われているのは、「山川・草木・海など、人類がそこで生まれ、生活してきた場。とくに、人が自分たちの生活の便宜からの改造の手を加えていないもの。また、人類の力を超えた力を示す森羅万象」という意味であろう。その用例として、「―破壊」「―の猛威」「―の摂理に従って生きる」などが挙げられている。

しかし、nature（ラテン語の natura）は哲学的に複雑な変転を経てきた概念である。『広辞苑』第六版で、「人工・人為によりなったものとしての文化に対し、人力によって変更・形成・規整されることなく神の、おのずからなる生成・展開によって成りいでた状態。超自然や神の恩寵に対していう場合もある」と説明されるような意味が、より本質的である。もっとも、この『広辞苑』の説明はいささかわかりにくい。たしかに、もともとギリシアで「自然」を意味する physis は生命的な意味合いをもつものであったが、中世のキリスト教哲学以後、自然は神によって創造されたものであるから、「おのずからなる生成・展開」は、少なくとも正統的な哲学では否定され、人間とまったく切り離された客観的存在として、神による完全な法則に従うものと考えられるようになった。

近代科学は、神によって創造された自然の法則性を前提として、それを明らかにするところから出発し、やがてそこから神の創造の観念を排除して自然を自立化させるようになっていった。それゆえ、もっとも機械的に運動し、法則性を捉えやすい物理学や天文学が自然科学の典型とされることになった。しかし、一九世紀になると、進化論が現れ、生物もまた自然科学の範疇で捉えられるようになった。それればかりか人間もまた、その自然の枠のなかで進化してきたものとみられるようになった。日本に入ってきた頃の「自然」の観念は、このような背景をもっている。

このように、近代の「自然」は、人間を囲む生活の場としての山・川・海・天空・大地など、環境世界を意味する一方で、自然科学の対象となるこの世界の現象を広義に意味する場合もある。後者は、広くは宇宙から、狭くは自然科学的に理解された限りでの人間をも含むことになる。

自然を表す言葉

近代の「自然」に対応する伝統的な日本の用語は、仏教では「依報《えほう》」、あるいは「器世間」である。「依報」は、主体たる衆生をさす「正報《しょうぼう》」に対するもので、まさしく正報の生きる環境世界に当たる。衆生がそれぞれのあり方で感得する状況が依報である。器世間も同義である。また、国土世間という言い方もある。その際の「国土」は、今日いうのとは違い、仏国土であり、仏が支配する領域である。仏は各自の仏国土を支配する。それゆえ、世界は複数あることになる。

正報である衆生は六道（地獄・餓鬼・畜生・修羅・人・天）を輪廻するのであるから、人間だけではない。たとえば、動物（畜生）は、近代的意味でいえば自然に属するが、仏教的には正報である。厳密にいえば、正報たるひとりの衆生にとって、ほかの衆生もまた依報（環境）となるから、衆生は正報たりうる存在というのが適切であろう。

「報」は前世の業によって得られる果報を意味する。依報と正報は相互に切り離された存在ではなく、依報も「報」であり、それを感得する衆生の業によって決まる。人間にとってはおいしいご馳走も、餓鬼からみれば火であるように、同じものでも主体のあり方によって異なって受け止められる。主体がそのなかで生きられる世界のあり方が依報である。

正報たりうる衆生は、輪廻するとともに、成仏する可能性をもっている。動物（畜生）はその部類に入る。その点で、人間と自然界のほかの生物の間に絶対的な断絶を認める西洋的、キリスト教的な自然観とは異なっている。

植物や無機的な自然は正報となりえないので、そこで正報たりうる衆生との間に断絶が認められることになる。それらは、有情（衆生）に対して非情、または無情とよばれる。ただ、それが絶対的な断絶といえるかというと、必ずしもそれほど厳密ではない。とりわけ東アジアでは、もともとそこに断絶をみる発想がない。そこから、非情（無情）成仏や非情（無情）説法が問題になる。それについては、次節で考えてみる。

以上のように、仏教を中心とした古代・中世の世界観・自然観では、今日考えるのとはかなり異なり、この現世の外に多様な世界がありうる。畜生はともかく、地獄・餓鬼・修羅などは、現世の人間からは見えない存在である。まして、極楽などの他方仏国土は、直接的な経験は不可能である。それらの異世界の存在は、現世になんらかの影響を及ぼすとともに、輪廻をとおして、時間的にも現世的時間と異なる重層性が認められることになる。

現世を、感覚的に認知でき、顕在的であるという意味で「顕」とよぶならば、現世からは感覚的に捉えられない領域は、顕在化されていないという意味で「冥」とよんでよいであろう。その「冥」の領域がまた、重層的である。「顕」と「冥」という言葉は、慈円《じえん》の『愚管抄《ぐかんしょう》』などに用いられている言葉を応用的に用いたものである。

中世の終りにはキリスト教が入り、また儒教の研究が進む。その時期を経て、近世になると、仏教的な重層的、多層的な世界観が崩壊し、この「顕」の世界を中心的にみる世界観が伸張する。極端な場合、現世以外の「冥」なる世界を否定する現世の一元論も出現するが、一般にはそれほど極端化せずに、「冥」なる世界を認めながらも、「顕」なる現世を重視するような世界観を形成する（末木、二〇一〇a）。

もともと中国の思想は現世中心的なところが強かったが、日本でも近世になるとその影響が大きくなる。仏教においても、近世には現世の倫理を重視する傾向が進展する。中国の思想において、自然を意味する言葉としては、「天地」がもっとも近い。仏教が須弥山《しゅみせん》を中心に置く世界構造を考えるのに対して、中国系の思想では、平坦な大地の上を半球形の天が覆うという世界を考える。しかし、天はまた、神的な絶対者的支配者でもあり、しかも、儒教的な発想では、人間世界の倫理道徳の根拠でもあるので、その点では環境的な自然世界の意味からかなりずれることになる。

なお、中国の自然観では、この世界は陰陽の二つの原理が交わるところに展開すると考える。陰陽の原理は男女の原理でもあるから、もともと発生論的、生気論的な発想が強く、西洋の機械的な自然という見方は弱い。その自然観は、人間と自然とは二分化されず、人間も自然の一部と考えられ、そこには絶対的な断絶はない。このような自然観は、東アジアの仏教理解にも影響を与えることになる。

ただし、儒教では、人間は自然と連続しつつも、倫理道徳は人間世界に固有のものと考えた。他方、老荘系の思想では、そのような倫理道徳を蔑視し、それを超えて自然の状態に戻ることが理想視された。ここに、「自然」と「作為（人為）」の対立が生まれることになる。

「自然」という言葉

ところで、厄介なのは、「自然」という言葉は、nature の訳語として使われる以前にも、東アジアの思想史でかなり重要な言葉として用いられていたことである。「自然」は、主として老荘系の古典に現われる。『老子』二五章は、万物の根源を述べた世界の生成論を展開しているが、そこでは、次のようにいわれている。

物有り混成し、天地に先だちて生ず。寂たり寥たり、独立して改まらず、周行して殆《やす》まず。以て天下の母と為す可し。吾れ、其の名を知らず、之に字《あざな》して、道と曰い、強いて之が名を為して大と曰う。……人は地に法《のっと》り、地は天に法り、天は道に法り、道は自然に法る。

(岩波文庫本、一一六頁。傍点、引用者)

これによれば、天地成立以前の混沌とした世界のおおもとの状態を「道」という。「道は自然に法る」は、道と別に自然があるわけではなく、道のあり方をいっているものと解される。蜂屋邦夫の岩波文庫本の注によれば、「『自ずから然り』とは、他からなんの力も及ぼされることなく、それ自体でそのようである、ということの哲学的な表現」(同、一二〇頁)である。しばしば、「無爲自然」といわれるように、作為を加えない状態である。

それは、事物に内在する本性を意味することもあり（性の自然）、世界を全体としてみた場合、その運動もまた自然である（天道自然）。それぞれのものが本性に従って存在し、世界全体もその運動が定まっていると考えれば、「自然」は必然性を意味するが、世界の活動が法則的に把握できないとすれば、「自然」はむしろ偶然的である。

「自然」はまた、実践的には、人為を否定してあるがままに任せる境地を意味し、儒教的な倫理道徳を超える自由で理想的なあり方を意味した。上述のように、そこに自然と人為の対立が生まれることになる。

このような多義的な意味をもつ「自然」という語は、漢訳仏典にも用いられた。その際、自性・本性を意味するスヴァバーヴァ（svabhāva）に当たる場合と、自存者を意味するスヴァヤンブ（svayaṃbhu）に当たる場合がある。

後者はブッダの同義語で肯定的に用いられるが、前者は空の実体否定の原理に反するものとして否定される。さらに、『無量寿経』などでは、対応するサンスクリット語がないにもかかわらず、「自然」が多用されている。それは、此土に関して用いられた場合と、阿弥陀仏の浄土に関して用いられた場合があり、前者は因果の束縛の必然性を意味するが、後者は逆に因果の束縛を超越した自由な世界を表わしている（末木、一九九六、第四章）。親鸞の「自然法爾」の思想も、このような流れで捉えられるべきものである。以上のように、仏教においても「自然」は肯定的にも否定的にも用いられるという、複雑な性格をもっている。

道教との論争のなかでは、「道（教）は自然を以て宗と為し、仏（教）は因縁を以て義と為す。自然は無為にして成り、因縁は行を積みて乃《すなわ》ち証《さと》る」（甄鸞『笑道論』。大正蔵五二、一五一上）と、両者は特徴づけられる。すなわち、仏教が因縁、道教が自然によって特徴づけられ、自然は無為が理想とされ、因縁は修行による悟りという努力を要することになる。

もっとも仏教でも、しだいに老荘系の思想の影響で、「自然」は理想化された境地を表わすほうが強くなっていく。ちなみに、老荘で用いられる「自然」は「しぜん」と読み、仏教では「じねん」と読む。これは、仏教が呉音を用い、ふつうの漢籍は漢音を用いるためである。

いずれにしても、「自然」は、天地とか器世間とか、あるいは近代の自然のような「もの」であるよりは、もののあり方、状態を表わす言葉である。ところが、近代的な「自然」とまったく無関係かというと、そうでもない。

「自然」が人為や作為と対比されることは、自然を人間の外の、人為を超えたものとみることになり、それが法則性をもっていることも認められた。近世にはその法則を求める思索も展開されるようになった。西洋の新しい科学の影響を受けた蘭学や洋学の思想家や三浦梅園などの場合である。

そうなると、近代的な「自然」に近づいてくる。しかし、そこには微妙な違いがあり、近代においては、一方で nature の翻訳語としての「自然」が確立しつつも、そのなかに伝統的なニュアンスが流れ込むことで、混乱が引き起こされるようになった（柳父、一九八二、第七章）。

以下、本章では、「自然」に関しても、必ずしも厳密に限定せず、ある程度幅広く解し、日本の思想・宗教史のなかでの自然観の展開をみていくことにしたい。

古代・中世の自然観——草木成仏説を中心に

記紀の自然観

仏教を含めて大陸伝来以前の日本の自然観をうかがうことができるかというと、きわめて難しい。大陸文化が到来して、というよりも、大陸文化を身につけた人びとの到来によって、はじめて自覚的な思想表現の道を得たのであり、それ以前について問うことはあまり意味がないであろう。わずかに「魏志倭人伝」において、卑弥呼の「鬼道に事《つか》える」シャーマン的性格が示されていることなどが注目されるところである。

『古事記』や『日本書紀』から知られることは、せいぜい七世紀後半から八世紀にかけてのことでしかない。記紀の自然観でしばしば取り上げられるのは、冒頭の世界生成神話である。『書紀』では、『淮南子《えなんじ》』に基づいて宇宙の生成を説き、『古事記』では、高天原の神として、アメノミナカヌシ（天御中主）、タカミムスビ（高御産巣日）、カミムスビ（神産巣日）の造化三神を挙げる。とりわけ、そこに出る「ムスビ」は生命的な産出の原理とされる。丸山眞男が、『古事記』冒頭の記述から、「なる」「つぐ」「いきほひ」という三つの範疇を取り出し、「つぎつぎになりゆくいきほひ」として、日本思想の「古層」を定式化したことはよく知られる（丸山、一九九二）。記紀神話のなかには、たしかに自然現象に由来する神々の活動をみることができ、また、自然の奥には人知で捉えきれない異界的な神々が活動する。その点で、中世的な世界観に接続していく。ただし、記紀の神話は、政治的改変を大きく蒙っているので、それをそのまま古代的な世界観とみるのは危険である。

　ここでは、のちに論ずる草木成仏説と関連して、『日本書紀』の天孫降臨の記述に注目しておきたい。ニニギを地上に遣わすところで、「彼の地に、多《さわ》に蛍火の光《かがや》く神、及び蝿声《さばえな》す邪しき神有り。復た草木咸《ことごと》に能く言語《ものいふこと》有り」（『日本書紀』一、岩波文庫、一一〇頁）といわれている。一書には、「葦原中国は磐根・木株・草葉も、猶能く言語ふ。夜は熛火《ほほ》の若《もころ》に喧響《おとな》ひ、昼は五月蝿如《な》す沸き騰る」（同、一五四頁）と説明されている。

『書紀』のいいたいことは、天孫が降臨し、神武が平定するまでの日本は、無秩序状態にあったということで、それを平定することで、はじめて秩序をもたらすことができたと、その平定事業を誇っている。その際、無秩序状態を示すのに、草木などの自然物がものいうという表現を用いている。その原初状態をアニミズムとよぶとすれば、そのアニミズム状態を克服して、秩序をもたらしたのこそが、高天原に由来するヤマト朝廷の功業というのである。実際、七〜八世紀の情勢は、天皇中心の国家が、大陸伝来の新知識と科学技術、律令体制、そして仏教をもって在来勢力を抑えて、中央集権化を果たした時代であった。

『古事記』には、国の民を表わすのに「青人草《あおひとぐさ》」「人草」という表現がしばしばみられる。たとえば、イザナギが黄泉《よもつ》比良《ひら》坂《さか》でイザナミの追撃を桃子《もものみ》で撃退したとき、イザナギは桃子に対して、「汝、吾を助けしが如く、葦原中国《あしはらなかつくに》にあらゆる現《うつ》しき青人草の、苦しき瀬に落ちて患ひ惚《なや》む時、助くべし」（岩波文庫本、二七頁）と告げる。人もまた、青草のように繁殖するのであり、その点で、植物と人間の境界はない。

中国における無情成仏・無情説法

仏教では、衆生は輪廻すると同時に成仏の可能性をもっている。それゆえ、衆生の枠組みに入る動物（畜生）と、そこに入らない植物や無機物との間に断絶があることになる。それに対して、中国ではこの世界全体を生成論的に把握するので、動物と植物の間に断絶をつけにくい。そこで、無情（非情）成仏や無情（非情）説法が説かれるようになった。そこには、道は螻蟻《ろうぎ》、稊稗《ていはい》、瓦《が》甓《つき》、屎溺《しにょう》にもあると説く『荘子《そうじ》』知北遊の影響などもあり（『荘子』三、岩波文庫、一六一頁）、中国固有の問題として発展した。

教学的には、古くは三論の吉蔵『大乗玄論』などにみえるが、そこでは、空思想に基づく依正《えしょう》不二や、衆生と草木の同等性などの原則に基づく論が展開されている。すなわち、空である以上、世界は一体的なものと考えられ、有情と非情の区別はつけられないというのである（大正蔵四五、四〇上―四一中）。

この問題をもっとも広範に論じたのは天台の六祖湛然《たんねん》であり、『止観輔行伝弘決《しかんぶぎょうでんぐけつ》』では、『摩訶止観』の「一色一香無非中道」に関して十義を挙げて論じ（大正蔵四六、一五一下―一五二上）、『金錍論《こんぺいろん》』（『金剛錍《こんごうべい》』）では、「客」と「余」の問答によって非情成仏の問題を集中的に論じている。後者では、一念三千（衆生の一瞬の心に全世界が含まれるという天台の説）の原理によって非情の成仏を認めている。一念のなかには器世間も含まれるのであるから、仏の見地からみれば、そのすべてが仏の世界になるというのである。しかし、同書では、衆生の心を離れて、草木自体が成仏するという説については、はっきりと否定している。

客曰く、……僕初め之を聞く、乃ち謂く一草一木一礫一塵、各一仏性あり、各一因果あり、縁・了（の仏性）を具足す。若し其れ然らば、僕実に忍びず。何となれば、草木に生あり滅あり、塵礫は劫に随いて有無す。豈に唯だ修因得果能わざるのみならず、亦た乃ち仏性に滅あり生

あり。（大正蔵四六、七八四中）

これは「客」の側の言葉であるが、これまで非情仏性というと、一草一木がそれぞれ仏性をもつということだと思っていて、それだと仏性も非情の生滅に従って生滅することになっておかしいと思っていたが、一念三千論に立つ「余」の説で納得したというのである。ところが、後述のように、『唐決』では、一草一木が仏性をもつという、まさにここで否定された説を、改めて日本側が取り上げるのである。

中国ではまた、禅において無情成仏・無情説法の説が展開されている（高崎、一九九八。松本、二〇〇〇）。しかし、それらは単純に肯定されるわけではない。中国においてはあくまで修行するものの主体的な問題が中心であったから、それを離れて草木自体が成仏するというようなことは問題にされなかった。それが大きな問題とされるのは日本においてである。

安然『斟定草木成仏私記』の射程

日本において、非情成仏の問題が最初に本格的に取り上げられたのは、『唐決』においてである（以下、本章は末木、一九九五、第五章参照）。『唐決』は、初期の日本天台の学僧たちが質問し、中国の天台僧が答えたものを集めているが、たとえば、円澄《えんちょう》は次のような疑問を提出した。

今疑うらく、①如《も》し「三身の性の若《ごと》きは、諸法に遍ず」と云わば、何が故に有情の身に在りては知覚の義ありて、非情の中に在りては知覚の義なきや。②又、如し有情発（心）・修（行）・成覚すれば、無情も亦た発（心）・修（行）・成覚すべし。何故に爾《しか》らずや。③復た如し有情を殺害すれば罪を得といわば、無情等を伐るも亦た応に重罪を得べし。何故に爾らずや。此の義如何。

（『日本大蔵経』（鈴木学術財団版）七八、一七四上）

ここでは、有情と非情を比較して、①有情には知覚があるのに、非情にはどうしてないのか、②有情は発心・修行・成仏するのに、非情はどうしてしないのか、③有情を殺すと罪になるのに、どうして非情を伐ってもそうならないのか、と問われている。これらの問に対して、中国側は、原則論に立って、衆生が成仏すれば器世間である非情も成仏することになるなどの理論で答えた。

このような『唐決』の議論を受けて、日本における草木成仏論は、安然《あんねん》『斟定《しんじょう》草木成仏私記』（九世紀後半）によって本格的に論じられるにいたった（末木、二〇一五b）。本書は、安然の比較的初期の著作と考えられるが、まず諸宗（天台宗・華厳宗・三論宗）の説を論じ、次に『唐決』

について論評する。その後、「当今の日本の議論」として、貞観年中（八五九～八七六）の論義などを挙げて議論する。最後に、「円意の開顕」として、いよいよ自説を展開することになるが、じつはここはごく短いままに未完で終わっている。

ここでとくに注目されるのは、『唐決』を取り上げて論じているところである。安然は日本側の問と中国側の答がずれていることを指摘し、中国側の答を批判する。

> 但だ日本の問の本意は、（有）情と無情とが観の外に在るの義を問うにあらず。但だ草木自ら独り発（心）修（行）成否の義を疑う。而るに〔維蠲《ゆいけん》〕和上の答は此の問に当らず。
>
> （末木、一九九五、七一一頁）

すなわち、唐の維蠲が、無情・有情がいずれも修行者の観法の対象として一体化することから、修行者の成仏に従って無情も成仏すると答えているのに対して、安然は、日本側の問が、あくまでも「草木が自《みずか》ら独り発心・修行・成仏することができるかどうか」を問題としていることを強調し、唐側はそれに答えていないとする。個別的な草木が発心・修行・成仏するということは、すでに中国では『金剛錍論《こんごうべいろん》』で否定されていた。しかし、日本ではそのことが大きな問題とされているのである。そして、安然はそれを肯定的な方向からみようとして、本書中でたびたびこの問題を繰り返している。ちなみに、『斟定草木成仏私記』には、有名な「草木国土悉皆成仏」という言葉がみえる（末木、一九九五、七一三頁）

どうして安然は、草木がみずから発心・修行・成仏するということにこだわるのであろうか。その理由は必ずしもはっきりしない。ただ、中国では、無情成仏や無情説法を説いても、あくまで中心となる問題は修行者の観法などの修行であり、その主体的立場が重視された。それに対して、日本ではそのような意味での主体性は必ずしも重視されず、そうなると、有情と無情の区別が曖昧《あいまい》になり、両者は連続的なものと捉えられるようになったと思われる。

本書の最後の「円意の開顕」は、上述のように未完で終わっているが、方向としては密教による解決を目指している。安然はのちに『菩提心義抄』（八八五）でこの立場を発展し、密教的な草木成仏説を展開させている。しかし、『斟定草木成仏私記』で提出された、それぞれの草木が発心・修行・成仏するという発想は、むしろ本覚思想文献のひとつである伝良源『草木発心修行成仏記』において完成された。そこでは、草木の生・住・異・滅の姿をただちに発心・修行・菩提・涅槃の姿だとしている。これは本覚思想的な草木成仏論のひとつの典型ということができる。

本覚思想は修行否定論を極端まで展開したものであり、その代表作とされる『二十四箇事書』

では、「草木成仏」を超えて「草木不成仏」を唱える。「常住の十界全く改むるなく、草木も常住なり、衆生も常住なり、五陰も常住なり」（日本思想大系『天台本覚論』、一六七頁）といわれるように、草木は草木のまま永遠であり、改めて修行をして成仏する必要はないとされる。

ただし、ここで注意すべきは、しばしば本覚思想は現世肯定的といわれるが、そのような言い方は誤解を招きやすい。たしかにこの説は自然界の草木をそのまま悟りの実現と認めるものではあるが、だからといって、現世を唯一とみるものではない。「仮諦《けたい》常住とは、十界不同にして、此死生彼《しししょうひ》ながら、しかも常住なる意なり」（同、一五七頁）といわれるように、「此死生彼」、すなわち、この世界で死んで別の世界に生まれるという輪廻を認めている。「無常は無常ながら、常住にして失せず」（同）というのであり、無常で変化することはそのまま認められることになり、輪廻する異世界は当然前提になる。

同様に、修行不要といいながら、それもまた単純ではない。凡夫の状態である理即（理即・名字即・観行即・相似即・分真即・究竟即の六即の第一段階）でそのまま成仏を認めながら、しかし、実際には、そのことを認識する名字即の段階に達しなければ実質的な成仏は成り立たないのである（末木、一九九三、三二七頁）。このような二重構造は次にみる空海の場合にも成り立ち、日本の仏教思想を考える際、注意されなければならない点である。

空海の本来成仏説と自然

空海は、その著『声字実相義《しょうじじつそうぎ》』で、「五大に皆響き有り、十界に言語を具す。六塵悉く文字なり、法身は是れ実相なり」（『空海コレクション』二、一五五頁）と説いている。「五大」はこの世界を構成する地・水・火・風・空の要素、「十界」は仏から地獄にいたる十種の存在形態、「六塵」は色・声・香・味・触・法という六種の知覚対象である。それらがすべて、仏の教えを説く言葉だというのである。それが最後の句で、「法身としての仏のあり方は、そのまま世界の真実の姿（実相）である」とまとめられている。風のそよぎも、小川のせせらぎも、すべてが仏そのものであり、仏としての教えを説いている、というのである。密教の仏は宇宙的な大日如来であるから、世界のすべてが仏の教えを説いていることになる。

このことは、即身成仏を論じた著書『即身成仏義《そくしんじょうぶつぎ》』で、六大体大説として説かれていることと密接に関連する。その根本思想は、「六大無礙にして常に瑜伽《ゆが》なり、四種曼荼《まんだ》各離れず、三密加持して速疾に顕わる、重々帝網《たいもう》なるを即身と名づく」（同、二五―二六頁）という偈《げ》によって簡潔に表わされる。六大はこの世界を構成している地・水・火・風・空・識の六つの要素で、はじめの五つ（五大）は物質的要素、識は精神的要素である。それらが真理そのものと合致した瑜伽（相応）の状態にある。すなわち、この世界はそのまま仏の悟りの世界ということになる。この世界のあり方を基礎として、それが現象的な姿として現われたのが四種曼荼羅（大・三昧耶《さんまや》・法・羯磨《かつま》曼荼羅）であり、さらに具体的な行として、衆生の身・語・意と仏の身・語・意が合致すること（三密加持）によって即身成仏が成り立つ。

このことは、世界をそのまま神とみる汎神論や、あるいは、あらゆる自然物のなかに神がいるというアニミズムと同じようにみられるかもしれない。自然がそのまま仏だというのは、通俗的にも理解しやすい。しかし、もし自然がそのまま仏で自然の音声がそのまま仏の声というのであれば、わざわざ困難な修業をする必要はないであろう。三密加持という実践は不要のはずである。

空海の説く密教はそれほど単純ではない。仏の真実のあり方である法身は、通常の人間の感覚では捉えられず、その言葉は通常の人間の言葉では理解できないのである。それは、目に見え、耳に聴くことのできる自然の、さらに奥に秘められた言葉である。それをあえて感覚世界にもたらそうとするとき、きわめて神秘的、象徴的な表現とならざるを得ない。それを図像化したものが曼荼羅であり、それを言語化したものが真言である。

真言はまた呪ともいわれ、その力によって世界を動かすことができるとされる。真言は、インドの言葉である梵語（サンスクリット）を用いるが、その意味を説明しようとしても、結局はゆきづまることになる。たとえば、『吽《うん》字義』は、吽（hūṃ）という梵字をさまざまな角度から説明しようとしているが、結局それは「不可得」と言われるように、日常用いられる言語で説明しきれないところに行きつく。可視的に現われた自然だけではなく、その自然の奥にまで分け入らなければならないのである。

ちなみに、道元もまた、『正法眼蔵《しょうぼうげんぞう》』の渓声山色《けいせいさんしき》・山水経・無情説法などで、無情成仏・無情説法の問題を扱っている。その場合も、単純に自然がそのままで仏の世界だというのではない。「愚人おもはくは、樹林の鳴条《めいじょう》する、葉花の開落するを無情説法と認ずるは、学仏法の漢にあらず。もししかあらば、たれか無情説法をしらざらん、たれか無情説法をきかざらん」（「無情説法」）（『正法眼蔵』三、岩波文庫、五八頁）といわれるように、ただ自然のありさまがそのまま仏の説法だというのであれば、だれもがそれを聞いていて、別に修行も必要ないことになる。しかし、そうではない。「無情説法を聴取せん衆会《しゅうえ》、たとひ有情無情なりとも、たとひ凡夫賢聖なりとも、これ無情なるべし」（同、六四頁）という境地にいたることが求められるのである。無情の説法を聞くためには、無情にならなければならないのである。

以上のように、日本の仏教思想は一見すると単純な現世肯定、自然肯定のようにみえるが、じつは現象として顕われたこの自然世界の一元論ではなく、世界構造は重層的にみられている。後述のように、その点が近世において儒教との間の相違となってくるのである。

中世から近世への世界観・自然観の転換

神道の世界観・自然観

中世の重層的な世界観は、中世後期になってしだいに変化していく。それは、現世と異世界が共存する重層的な世界観から、しだいに現世に重点が置かれるようになってくることである。その変化は、仏教自体でも起こるが、神道やキリスト教など、異なる潮流が思想としての形を取ってくることとも関係する。

神道は、仏教の理論を借りながらしだいにそれ独自の理論を形成していくが、とりわけ一四世紀前半の鎌倉後期から南北朝期にかけて、伊勢神道の理論化は仏教と異なる神道の独自性を自覚させることになった。なかでも、天台僧でもある慈遍《じへん》は、仏典を活用しながら、それを換骨奪胎して、仏教と異なる神道の世界観を確立しようとした。慈遍については第二章に述べたが、世界観の転換という点で重要なので、ここでもみておきたい。

その著『旧事本紀玄義《くじほんぎげんぎ》』巻三では、神代から人世への変化を、1「冥顕、堺を限る」、2「海陸、途を閉ざす」、3「始終、穢を表す」の三つの段階によって論じている。天神七代の最初の五代は、五行（木・火・土・金・水）と五大（地・水・火・風・空）に対応し、第七代目のイザナギ・イザナミとツハヤムスビの代にいたってはじめて、「五行已《すで》ニ備《そなわ》リ、六根トモニアラハレリ。端厳美麗ノ姿ニテ飛行自在ノ神達《かみたち》ナリ」（『豊葦原神風和記《とよあしはらしんぷうわき》』、『神道大系・論説編3・天台神道上』、一七七頁）という天人のユートピア的状況が展開される。そのような無為自然的な理想状態が壊れるのが人世である。

『旧事本紀玄義』によれば、神代には、欲念もなく、光り輝き自由自在に飛行することができるユートピア状態にあったが、妄心が起こることで、その能力を失い、そこに人世がはじまるという。ここに「冥」と「顕」の区別が生ずることになる。

> 神代には、天地の如きは未だ遠からず。神祇を論ずと雖《いえど》も、亦《ま》た冥顕遥かにあらず。人世には、天地、永く去り、清濁宛《さなが》ら異なり、冥顕各別なる所以は、謂く、陰陽本一なり、一気物に変ず、天地既に分かれ、分かれ、分かれて冥顕あり。（同、一五頁）

もともと神代には天地も冥顕もそれほど隔たったものではなかった。それが、人世には両者ははっきりと分かれることになった。それは陰陽一体の「一気」の変化によっておこったという。

陰陽が分かれて働くところに、冥顕の別が生ずる。「冥」と「顕」は、慈円の『愚管抄』などに出る概念であるが、顕在化した「顕」の世界に対して、人知を超えた神仏の世界が「冥」である。

次に、第二段階として「海陸、途《みち》を閉ざす」が論じられる。天孫降臨以後、地神五代の第四代であるホホデミは兄と争って海中に行き、トヨタマヒメを妻として陸に戻ったが、妻の出産を覗き見したために、妻は海中に戻ってしまった。それによって海陸の途が閉ざされたとされる。海陸が隔てられることにより、自在の霊力、神力が失われる。顕の世界は冥の世界と断絶し、ここに独立した人世が展開することになる。

最後に、神代から人世への第三段階の転換として、「始終、穢を表す」ということが論じられる。「穢」の出現により、人世はさらに神代から遠ざかる。具体的には「穢」はイザナギ・イザナミによって男女の相が現れたことが相当する。この現世は穢れた世界として捉えられている。

このように、理想的なユートピアである天界から隔てられ、穢れに満ちた現世としての人世が展開することになる。人世＝現世は、無為自然的な理想状態から堕落したところに成立する。この「穢」へと堕落した世界で一貫して「浄」を保つのが天皇であるという。天皇が神代から継承するのは単なる血統だけでなく、まさしくこの「浄」なる本質であり、神代と断絶した人世にあって、神代の本性を継承維持しつづける役割を負うことになる。

　このように、慈遍の世界観は、神代から現世へという流れのなかで、この世界の展開を説く。慈遍による神代の飛行自在の天人の姿は、仏典の『世記経《せいききよう》』（『長阿含経』）に基づいている。『世記経』では、世界は成劫・住劫・壊劫・空劫の過程を経て、生成と破壊を繰り返すが、飛行自在の天人は、世界が成立するときの光音天およびそこからこの世界に生まれた衆生の様子である。仏典では、このようにして生成した世界は、いずれまた崩壊し、その過程が永遠に繰り返される。現世は決して唯一的なものではなく、無限に続く連鎖のなかのひとこまである。

　しかし、慈遍の神道的世界観においては、この現世は一回的である。すなわち、現世は堕落した世界ではあるが、唯一的な価値をもつことになる。そこに中世の仏教的世界観と異なる新しい方向がみられる。

キリシタンの世界観・自然観

　一五世紀末に日本に到来したキリスト教は、これまで日本に伝えられていた東洋の世界観とまったく異なる西洋の世界観をもたらした。その思想が、日本思想の展開と無関係に、たまたま外から持ち込まれた偶発的なものか、それとも日本思想の内在的な展開のなかに位置づけられるものか、これは大きな問題であるが、私は後者の立場を取りたい。そのことを、不干斎《ふかんさい》ハビアン

（一五六五―一六二一）の『妙貞問答《みょうていもんどう》』（一六〇五）にうかがうことにしたい。

『妙貞問答』は三巻からなるが、上巻で仏教を批判し、中巻で儒教（儒道）・神道を批判した後、下巻でキリスト教の世界観を述べるという構成になっている。上・中巻のうち、とりわけ仏教への批判がきびしいが、それは仏教の説は結局のところ、万物は無に帰するというもので、それでは本当の「現世安穏、後生善所」にならない、というものである。

それに対して、キリシタンの教えとして、デウスによる世界創造と後世のハライソ（天国）とインヘルノ（地獄）を説き、これこそが本当の「現世安穏、後生善所」をもたらす教えだとしている。

そのなかで、自然観の特徴として、存在の種類を分け、それらをまったく別種類のものとすることが挙げられる。「人畜ヲ隔《へだて》玉フコソ尚心得難クサフラヘ。仏法ハ五十二類モ我同性ト見テ、蠢動《ぜんどう》含霊ニ至ルマテモ、今日ノハラハニ隔ナシ、人畜別ニ宣フハ何トシタル事ニテサフラフソ」（海老沢ほか、一九九三、三九四頁）という妙秀の問いに対して、幽貞は、「左様ニ何モカモ唯一ツニ見ハ迷イニテサフラフ」（同）として、万物を同一視することを否定する。そして、万物を四つの種類に分ける。

セル（Ser）――天地、日月星ヲ先キトシテ、金石ナトノ体ハカリ有テ、生成スル性ノ備ハラヌ物。アニマベゼタチイハ（Animavegetativa）――生成スル性ハカリノ備リタル非情、草木ナトノ類。アニマセンシチハ（Animasensitiva）――知覚ヲ具セル物ノ事。……理ヲ知ニハ非ス。飢テハ食ヲ求メ、渇シテハ飲ヲナシ、寒熱、痛痒ヲ知リ、ヲホユル物、是即、禽獣、虫魚ノ類。アニマラシヨナル（Animaracional）――物ノ理ヲ知リ、是非ヲ論スル智恵ヲ具セル物、即是、人倫ニテ侍。（同、三九五頁）

これらのうち、アニマラショナルのみが、「物ノ理ヲ知リ、仁義礼知信ノ理《ことわ》リヲ心ニ掛、ナカラン跡ノ名ヲ思フ」（同、四〇〇頁）のである。すなわち、「現世安穏、後生善所」が可能となる。以上のように、キリシタンの世界観・自然観をみるならば、第一に、人・動物・植物・それ以外をはっきりと分けるところに特徴がある。これは、衆生の輪廻を説く仏教とも、気や陰陽によって万物の生成を説く中国の思想とも異なる新しい世界観・自然観である。第二に、キリシタンにおいては、「後生」が考えられるが、それはハライソとインヘルノに単純化され、仏教の世界観のような複雑な構造をもたない。後生があるのは、人間のみである。そして、「後生善所」を求めるには、洗礼を受け、十戒を保つことが求められ、現世の行為のみが、来世を決定する。

こうして、「冥」の世界の曖昧な不可解さはなくなり、現世の行為の指針が明確に立てられることになった。

このように、単純化された来世観と、その幸福を求めるために現世の行為が重視されることは、浄土真宗の蓮如《れんにょ》にもみられるもので、中世の終りから、近世へかけての宗教思想に共通する。とすれば、キリシタンは決して偶然に闖入《ちんにゅう》しただけのエピソードではなく、中世から近世へと移行する過程の思想史の必然的な流れのなかに位置づけることができる。

冥の世界がなくなるわけではないが、単純化され、現世が重んじられるようになる動向がさらにいっそう進むのが近世である。

近世の自然観

儒教対仏教

近世初期には、儒教（儒学）の力はいまだ大きくなく、仏教のほうが勢力が強く、活動も活発であった。それは、徳川三代の影の宰相といわれた天海《てんかい》の活躍に典型的にみてとれる。そのなかで、新興勢力として、儒教が勃興してくる。

儒教と仏教が直接に対論したものとして、林羅山《はやしらざん》（一五八三―一六五七）と松永貞徳《まつながていとく》（一五七一―一六五四）の間に交わされた『儒仏問答』が注目される。貞徳は俳人として知られるが、同時に不受不施《ふじゅふせ》の日蓮宗の熱心な在家信者であった。羅山とは親しく、一緒にキリシタンのハビアンと面会したりしている。当時の開明的な京都のサークルの仲間といえよう。

貞徳の子の尺五《せきご》は藤原惺窩《せいか》の弟子の儒者である。羅山と貞徳との間では、しばしば儒仏の優劣を争ってやり取りがあったようであるが、本書は、羅山が一八条の仏教批判をしたのに対して、貞徳が逐一反論して、最後にさらに貞徳がみずからの論点を要約するという展開になっている。

本書はこのように一八条にわたり、多岐な問題が論じられている。たとえば、聖徳太子の評価など、歴史をどうみるかということで、後世にまで引き継がれるような大きな問題もあるが、ここでは、現世主義か、それとも現世を超えたものを認めるかという論点についてみておこう。

第一八章は、儒教の根幹をなす「理」の問題を正面から扱っている。そこで羅山は、「畢竟《ひつきよう》仏氏は、陰陽開闔《かいこう》変化聚散の理を知らざるなり。何を以てか与《とも》に道を言うに足らん」（大桑ほか、二〇〇六、一七七頁。以下、引用に当たっては、読みやすく表記を改めたところがある）と、仏教者はものの変化する「理」を知らないということを問題にする。それに対して、まさしく「儒道の本は理を究むるに在り」といわれるように、そこに儒教の根本があるというのである。

それに対して貞徳は、「儒者こそ、無常変易の世に生れて、自然生《じねんしよう》と思ひ、三世の有事《ある》をしらず。一念を妄念にて送れ（ば）、因果を感じて、流転尽る事なけん」（同、一七九頁）と答える。儒者は理といっても、所詮現世に限るために、事物の真の因果を知らず、自然生（因果なくして生ずる）という考え方に陥ってしまう。そのために輪廻の世界に流転することになるというのであり、三世（前世・現世・来世）を認めるかどうかという点に、仏教と儒教の違いがあるとしている。このことは、後述のように、第二章でも取り上げられており、思想的な面での儒教と仏教のもっとも大きな対立点となる。

貞徳はさらに続けて大胆な儒教批判を展開する。「儒者の格物致知《かくぶつちち》といふハ、学問の上に、其書の義理をよくすます事、其上に八、天地の中にある、五行と、五常のそむかぬ、万物一体の処などの事也」(同、一七九―一八〇頁) と批判している。すなわち、儒者の真理探究は所詮学問上だけのことで、しかも、「万物一体」というこの世界のことに限られているというのである。それでは、「狐狸のする事をも、ゑしり給はじ。まして天眼通《てんがんつう》、羅漢通、仏の神通など、何としてか、はかりしらん」(同、一八〇頁)。すなわち、狐や狸のしわざでさえ、儒者の理屈からは説明できないのであるから、まして仏教の神通力のような不思議は理解を超えていると批判する。ここでも、現世内に留まるに儒教に対して、仏教側は現世の秩序を超えた次元を認めるところに優越性を見いだそうとしている。先に用いた概念を使えば、儒教が「顕」の領域にとどまるのに対して、仏教は「冥」の領域まで含めるところに違いをみるのである。

第二章では、この両者の対立は「因果」と「変化の理」の対立として問題化されている。ここでは、庾信《ゆしん》が亀に化した故事が問題とされている。これは道世《どうせい》『法苑珠林《ほうおんじゅりん》』巻一八（大正蔵五三、四一二上）に出る話で、庾信がその文章で仏経を妄りに引いて俗書とひとつにして、仏法を誹謗したために亀に生まれたという話である。それ自体、今日からみれば、果たして大きな問題として取り上げるのにふさわしいかどうか疑問であるが、ともあれこの故事を主題として、仏教と儒教の対立が明確化される。

羅山は、「庾信まことに、亀となるならば、桓元子《かんげんし》が亀となりたるも、黄母《こうぼ》が、亀となりたるも、共にしかあらんや。然らず。皆変化の理と」（大桑ほか、二〇〇六、二〇頁）と批判している。桓元子（桓温）の故事は不詳、黄母は黄帝の母であるが、亀になったという話がある（同、二五頁注2、3）。この場合の「変化の理」はわかりにくいが、自然の変化の道理と解するのがよいであろう（同、二五頁注5に考証がある。ただ、同注がいうような神通力による変化ではなく、万物の自然の変化と取るほうがよいであろう）。貞徳は、それを「眼前の天理」とよんでいる。今日の自然法則とは異なるが、天地万物が生成変化する必然性ということができる。その特徴は、第一に、現世内で完結していることで、前世や来世は入ってこない。第二に、万物の変化発展の原理によるので、それは道徳的な善悪とは関係ない。

それに対して、仏教側に立つ貞徳の主張はどうであろうか。貞徳は、「善人が、悪趣へもおちず、悪人が善処へもゆかず、みな因果歴然の理なり」（同、二一頁）と主張する。要するに、仏教的にいえば、善因楽果、悪因苦果ということである。この立場によれば、桓元子や黄母の場合も、しかるべき悪因があって畜生道に堕ちたことになる。儒教側にくらべて、三世の輪廻を考えること、道徳的な善悪が結果を引き起こすことに特徴がある。

このように、現世主義に立つか、三世の因果説を取るかは、儒教と仏教の大きな違いとなる。

前述のように、中国思想は現世的な性格が強く、道教と仏教との論争では、自然と因果ということがキーワードとなった。儒教の合理主義は、もっとも徹底すると、無神論で来世否定になる。その中国における対立が日本の近世に持ち込まれたということができる。しかし、単に仏教と中国思想の対立というだけでなく、そこに日本の近世的な性格が重なってくる。中世末には、しだいに現世を重視する思想が強くなる。近世の儒教はその延長上に立ち、それを徹底したものと理解できる。

このようなところから、従来の見方では、近世には仏教が衰退し、儒教的合理主義が進展すると考えられてきた。仏教においても現世倫理を重視するようになる。しかし、その面ばかりを取り上げるのは一面的であり、近年の研究では、近世の思想はもっと複雑であることがわかってきている。近世には儒教がすべてを覆うわけではなく、仏教をはじめとする諸思想が多様に展開している。

そのなかで、仏教の三世主義もまた、前代の遺物的なものと簡単に否定できないところがある。儒教もすべて現世主義で徹底しているわけではない。なぜならば、後世がなければ、儒教の祖先祭祀も意味をなさないことになるからである。貞徳も、「儒者も、先賢ハ、死して人の魂ハ消ず、生をかゆると、見たると見えたり」（同）と、この点を突いている。霊魂が死後も存在するか否かは、鬼神論として近世の思想史の重要な課題となった。

現世を超えた来世や異界は、民衆の間では当然の前提として認められていた。そのような動向は、近世の後期になるとふたたび浮上してくる。復古神道を確立した平田篤胤《ひらたあつたね》は、異界への関心が強く、鬼神を重視し、神道の死後観を確立しようとした。また、仏教に収まりきらない民衆宗教が勃興し、体制化した儒教とも仏教とも異なる独自の世界観・自然観を展開することになる。

自然と作為

「自然」と「作為」を対照させ、後者に近代の出発をみたのは丸山眞男であった。丸山は「自然」から「作為」への転換を、近世における朱子学から荻生徂徠《おぎゅうそらい》へという流れにみようとする（丸山、一九五二）。すなわち、朱子学が人間の社会や倫理を自然との一貫性においてみるのに対して、徂徠は両者を切り離し、人間社会の秩序は聖人が人為的に作成したものと考えた。それによって人間社会は自然によって決められたものではなく、人間が責任をもってつくっていくことが可能となる。自然と作為はまた、「である」ことと「する」ことの対比としても捉えられる（丸山、一九六一）。「である」ことが封建的な身分の固定に対して、「する」ことは人間の行為によってつくられる近代的な社会のあり方である。

丸山のいう「自然」は、いうまでもなく、外界として捉えられる環境的な自然ではなく、伝統的な意味での人為を排するという意味での「自然」である。「自然」と「作為」が対立することは、すでに述べたように中国思想にみられるものであるが、徂徠に前近代から近代への流れを読んだところに丸山の発見があった。ただ、たしかに近世の思想に近代の先駆を読むことは可能であるが、しかし、それだけで近世の思想が捉えられるわけではなく、近世の思想の展開を、近代化に向かっての一本道と理解することはできない。

丸山は、徂徠以後の思想的課題として、「封建的社会秩序（乃至その観念的紐帯）が『作為』の産物となることによつて、そこから必然に疎外される『自然』をなんらかの形で自己の拠り所として、さうした秩序乃至その観念的紐帯に対する思想的抵抗を試みたのである」（丸山、一九五二、二五〇頁）として、その「典型的な表現」として、安藤昌益《あんどうしょうえき》と本居宣長《もとおりのりなが》の一人を挙げる。昌益や宣長が「作為」を否定して「自然」を重視したことはたしかであり、宣長の場合は徂徠を意識しているのも事実である。しかし、彼らの「自然」重視の思想が、徂徠による「作為」の思想を前提として、その継承発展として理解されるかというと、いささか無理があるように思われる。昌益と宣長はまったく位相を異にして、両者を同じ枠で理解することはできないであろう。

徂徠における「作為」が社会的秩序の形成の問題を扱い、宣長の思想もまたあくまで古典解釈から出発する知識人の営為として展開するのに対して、昌益は農耕の現場から自然重視の思想を展開する。「夫レ古人ノ自然ヲ謂ヘルコト、人智ノ察慮・量測スルコト能ハザルニ至レドモ、行ハルル所在ル、之ヲ自然ト謂フ」（安藤昌益『自然真営道』三巻本序、日本思想大系『安藤昌益・佐藤信淵』、一二頁）という自然の定義は、それだけでは伝統的な中国思想の流れに沿ったものであり、人為を加えないことが理想視される。しかし、それは老荘的な「無為」に帰することではない。

昌益は、『自然真営道』（三巻本）序で、「自然ト言フハ、五行ノ尊号ナリ」（同、一三頁）と、その「自然」は五行であるという。その五行が進退するところにおのずから秩序が生れる。「自ラ然ル真ノ営ム所ニシテ、転定《てんち》（＝天地）・人倫・鳥獣・虫・魚・草・木トナル所以ナリ」（同、二〇頁）といわれるように、その秩序は、宇宙的「転定」から、人間がかかわる鳥獣草木などの環境世界、そして、人間世界にまで一貫するものである。その点で、昌益は朱子学的な世界と人間の一貫性を認める。しかし、そこで人倫とされるものは、封建的な身分差別ではない。昌益は徹底的に農耕の現場から人間社会の支配関係を否定し、「直耕《ちょっこう》」、すなわち直接的な農業生産に従事することを理想化する。

夫れ真の仁は木徳なり。自然の木徳は、生れ与えて奪い取ること無し。之れに即する則《とき》は転の直耕道なり。若し之れに法る則は、何ぞ直耕して、道を転に同じく為《せ》ず、反って衆人を貪り転道を盗まんや。

（『統道真伝』糺聖失《きゅうせいしつ》巻、岩波文庫上、三〇頁）

さらに『自然真営道』（稿本）大序によるならば、自然を「活真」、すなわちいきいきと活動する真実の存在と規定し、「人・物、各々悉ク活真ノ分体ナリ」（『安藤昌益全集』一、六五頁）とする。人間も活真の分体として、正しく臓腑をそなえている点からすれば、そこには上下・貴賤の別はなく、皆平等である。その人間の本来のあり方は「直耕」である。「無始・無終ナル自然、転定活真ノ妙行ハ、直耕ノ一道ニシテ、全ク二道無ク」（同、八三頁）、そのことは人間のみに限らず、草木には「草木ノ直耕」がある。それは、活真が「逆気」（逆転した気の巡回）として養分を得ることである。このように、「直耕」とは、万物を貫通する「自然」の生命の発露にほかならない。

ところが、人間においては、古代においては直耕が行なわれていたのが、文字が発明されると、「不耕貪食シテ、直耕ノ転道ヲ盗ミ、盗乱ノ根ヲ植ユル」（同、九五頁）人たちが出てくる。昌益は儒教も仏教も「不耕・貪食」の思想として、口をきわめて非難する。「不耕・貪食」の輩をなくし、ふたたび直耕の世をもたらすことこそ昌益のめざすところである。

昌益は「自然」に基づき、「作為」の否定にまでいたる。「自然」と「作為」を対立させる点では、たしかに徂徠の裏返しということができる。だが、このような二者択一だけしかないわけではない。より現実的な道として、両者を二者択一的なものとみずに、「自然」と「作為」の調和を求める道もありうる。すなわち、「自然」に従いつつも、ある範囲で「作為」の要素を認めるのである。

それは、たとえば、二宮尊徳にみられる。尊徳は、「夫世界は旋転してやまず、寒往けば暑来り、暑往けば寒来り、夜明れば昼となり、昼になれば夜となり、又万物生ずれば滅し、滅すれば生ず」(『二宮翁夜話』一。岩波文庫、二〇頁)というような自然の摂理を「天理」とよび、それに対して、「人道は、是と異なり」(同)と、「天理」と「人道」をはっきり区別する。人は羽毛も鱗もなく、裸で生まれるのであるから、「家がなければ雨露が凌がれず、衣服がなければ寒暑が凌がれず、爰《ここ》に於《おい》て、人道と云《いふ》物を立て、米を善とし、莠《はぐさ》を悪とし、家を造るを善とし、破るを悪とす、皆人の為に立たる道なり」(同)とされるのである。それゆえ、「天理より見る時は善悪はなし」(同)であるが、人道を立てるときに善悪が生ずることになる。

尊徳はこのように、「天理」と「人道」を対立的に立てる。しかし、その「人道」は社会秩序の面ではなく、農耕・建築・衣服製造など、自然物を加工して人間の生活を可能とする生産活動である。「天理に任する時は、皆荒地となりて、開闢のむかしに帰る」（同）ことになってしまう。そこに「人道」が必要となる。

だが、「人道」は「天理」とまったく相反するものではない。「人道はその天理に順《したが》ふといへども、其内に各区別をなし、稗莠《ひえはぐさ》を悪とし、米麦を善とするが如き、皆人身に便利なるを善とし、不便なるを悪となす」（同、二一頁）のである。このように、「人道」は「天理」と異なり、善悪を立てるものではあるが、「天理」を離れてはありえない。

このことを、尊徳は水車の譬喩で巧みに説明する。「夫《それ》人道は譬ば、水車《みずぐるま》の如し、其形半分は水流に順ひ、半分は水流に逆ふて輪廻す、丸に水中に入れば廻らずして流るべし、又水を離るれば廻る事あるべからず」（同）といわれる。すなわち、半分は「天理」に従いながら、半分は「天理」に背かなければならない。それゆえ、「人の賎む処の畜道は天然自然の道」（同、二二頁）であるのに対して、「尊む処の人道は、天理に順ふといへども又作為の道にして自然にあらず」（同）といわれるのである。

実際の農耕の現場で自然とかかわっていこうとすれば、このような尊徳の考え方は、きわめて合理的な面をもっているように思われる。

冥なる世界の変転

上述したように、中世的な世界観では、この自然的世界を超えた「冥」なる世界が認められていたが、近世の儒教では、三世を否定し、冥なる異界や他界は否定された。新井白石《あらいはくせき》は『鬼神論』を著わして仏教の輪廻説を否定し、陰陽の気の集散で生死を説明しようとした。それを徹底すれば唯物論に近くなるはずだが、実際にはそこまで徹底する場合は少なく、曖昧さが残された。そうではあるが、昌益でも尊徳でも、この現世のなかでの世界のあり方を問題にして、自然と作為の対立を立てるのであって、それを超える世界は、その問題圏のなかに入ってこない。

改めてその問題が大きく取り上げられたのは、平田篤胤によってである。篤胤は『鬼神新論』を著わして白石に反論し、鬼神の実在を主張した。篤胤は、『勝五郎再生記聞《かつごろうさいせいきぶん》』において、勝五郎という百姓の子供が、別の家で病死した藤蔵という子供の生まれ変りだといわれたことを調べ、それを認めている。そして、そのような輪廻転生は仏教だけの説ではなく、「凡《およ》そ天堂地獄、再生転生、因果応報などの趣は、その伝への精粗こそはあれ、何《いず》れの国にも本より有来《ありこ》し事にて、仏祖のはじめて言ひ教へたる説には非ず」(『仙境異聞・勝五郎再生記聞』岩波文庫、三九四頁)と、来世・異界の存在を認めている。

また、『仙境異聞』においては、越中屋与惣次郎の次男寅吉が神隠しにあって戻ってきたとき、寅吉に詳細に異界の情報を尋ねて書き記している。その異界は山中深くにあり、修験的世界と密接に関係している。

このように、近世の思想は決して単純に「冥」なる異界を否定して、現世主義に一元化されるわけではない。とりわけ儒教的合理主義を強要されない民衆の間では、現世だけで合理的に自然や人間世界を説明する言説に対する異論が出て、自然の奥に人知によって測りえない「冥」なる世界を再認識したり、あるいは自然そのものに異界性を見いだすような思想の流れが形成される。それはとくに民衆宗教とされるような領域に著しい。そのひとつの源流として、富士信仰を深めた富士講が挙げられる。富士講は長谷川角行《はせがわかくぎょう》（一五四一―一六四六）にはじまるとされるが、それが大きく発展したのは食行身禄《じきぎょうみろく》（一六七一―一七三三）による。身禄は江戸の商人であったが、富士信仰に篤く、ついに富士の烏帽子岩《えぼしいわ》で断食入定したと伝える。

身禄は、「不二（＝富士）は三国の根元也。万物の元月日の体也」（『三十一日の御巻』、日本思想大系『民衆宗教の思想』、四四三頁）として、富士の仙元《せんげん》大菩薩を崇拝したが、他方で、商人の出身だけに、日常の具体的な生活を重視する教えを説いた。「但天道全く、父母ゑ孝を尽事、是月日仙元信ずる事、是、尊むの本也」（同、四三〇頁）と、日常の孝を重視している。それだけでなく、「人お見次、うゑをやしなひ寒おいたわり、便りなき人お猶又いたわり中外に、不二の行法なしと開《ひらき》」（同、四二五頁）と、利他的な実践を勧めている。さらに、「米の御恩徳」（同、四三二頁）をいうなど、生活に即した教えを説いている。一方で富士を根源に置く壮大な世界観を展開しながら、他方できわめて卑近で日常的な倫理を説いたことが、その教えが広く江戸の市民に受け入れられることになる理由であったと思われる。

このように、異界と日常とが接近し、異界の「冥」の世界がその不可解さを減じていくところに、近世の世界観の特徴があるとみることができる。近世末の安政二年（一八五五）の大地震の際には、鯰絵が大流行する（アウエンハルト、二〇一三。宮田・高田、一九九五）。それらは、地中の大鯰は鹿島神宮の要石《かなめいし》によって押さえられていたのが、鹿島神の不在の間に暴れだして大地震を引き起こしたという了解のもとに描かれている。大きな被害をもたらした地震という災害で、その原因が「冥」なる世界に求められるのはわからないではない。しかし、その「冥」なる存在が鯰というきわめて卑俗な表象によって表わされ、戯画化されるところに、近世的な自然観と異界観のひとつの行き着く先があったということができる。

第四章

災害：日本人の災害観

一・一七から三・一一へ――震災と現代の思想状況

災害の思想――現代と過去と

日本における災害と思想というテーマに関して、以下、二つの異なる視点から論じてみたい。第一に、日本は近年二つの大きな地震災害を蒙った。一九九五年の阪神・淡路大震災と二〇一一年の東日本大震災である。この二つの災害が日本の思想・精神状況にどのような影響を与えたかを考えてみたい。第二に、歴史を溯って、災害の多発国である日本で、過去の思想はどのように災害を受け止めてきたかを、思想史的に概観してみたい。

一九九五年にいたる日本の精神状況

一九九五年一月一七日午前五時四六分、淡路島北端部の海底を震源とするマグニチュード七・三の巨大地震が、兵庫県を中心とする関西地方を襲った。阪神・淡路大震災である。死者六四三四名にのぼり、第二次世界大戦後の日本で最悪の災害であった。その巨大な災害は、日本の思想や精神状況にどのような影響を及ぼしたのであろうか。

それを考えるには、この大震災から約二か月後、日本を揺るがしたもうひとつの大きな事件を、あわせて思い返さなければならない。それは、三月二〇日、東京の地下鉄で起こったオウム真理教信者による猛毒のサリン散布事件である。それによって一三名が死亡、六〇〇〇人を超える負傷者が出た。事件後の三月二二日に山梨県上九一色村の教団本部に警察の捜査が入り、その後、教祖や幹部が逮捕されるとともに、常識を絶した教団の実態が明らかになった。

この二つの出来事は、大震災は関西、オウム真理教事件は首都圏と、地域的にも離れていて、偶然につづいて起こったようにみえる。しかし、両者が相次いで起ったことは、日本社会の精神状況を一変させるほど大きな意味をもち、関連するものとして考えなければならない。そのことを理解するために、時代を溯り、日本の第二次世界大戦後の精神状況の変転を簡単に振り返っておく。

もともと日本の近代は、欧米の圧力に抗して、欧米の科学技術を取り入れて国内の近代化を計りながら、欧米諸国と並んで海外侵略へと進んだが、第二次世界大戦の敗戦によって挫折し、再度近代化に向かうことになった。戦前への反省から、アメリカの占領下に民主主義と平和主義を理念として掲げ、それを継承しながら戦後の復興を果たした。こうして一九五〇—六〇年代には高度成長が達成されたが、七〇年代頃から経済的に不安定になり、八〇年代にバブル景気に沸いたが、九〇年代の半ばには破綻して、慢性的な不景気に落ち込んだ。

思想面では、戦前から戦中へかけての国家主義・軍国主義が没落し、いわゆる進歩的知識人の発言が積極的になされるとともに、学生運動・労働運動が活発化し、しばしば国家体制と衝突した。国際社会における冷戦体制を反映して、自由民主党と日本社会党が第一、第二党として国政を二分するいわゆる五五年体制が固定化した。そのなかで、知識人や学生の運動は、一九六〇年の日米安全保障条約改定反対運動でひとつの頂点を迎えたが、敗北に終った。

その後、既成政党への不信から新左翼の運動が起こり、一九六九、七〇年頃の全共闘運動へと発展したが、その運動も広範な支持を得ることなく崩壊し、一部は赤軍として過激化したテロ行為に走り、自滅した。

一九九〇年代に入ると、既成の秩序は完全に崩壊する。それを決定づけたのは、一九九〇年の東西ドイツの統一、一九九一年のソヴィエト連邦の解体から東側社会主義国家の崩壊である。それをきっかけに日本国内の政治情勢も大きく動揺し、一九九三年の細川護熙内閣によって五五年体制は終焉した。このような動向は進歩主義の幻想を完全に打ち砕き、政治によって理想的な社会をつくりだそうという運動は、無力であることを露呈した。そのような状況で、一九八〇年代には若者を中心として「新新宗教」といわれる新しい宗教運動が活発化した。そのなかでもっとも活動的な教団のひとつがオウム真理教であった。教祖麻原彰晃（本名・松本智津夫）は、カリスマ的性格とチベット密教などを取り入れた教義や修行法で若者の心を捉え、信者に絶対的に君臨したが、その裏では早くから殺人を含む犯罪行為が常態化していた。

こうして、一九九五年頃は、既成の秩序・思想がその無力をさらけだし、かといってそれに代わる新しい思想も十分に確立せず、不安で流動的な状況のなかで、オウム真理教や統一教会のような宗教教団が不気味な動きをみせる精神状況であった。阪神・淡路大震災と地下鉄サリン事件は、このようななかで起こり、既成の秩序、思想の終焉を決定づけた。

一九九五年――阪神・淡路大震災とオウム・サリン事件

阪神・淡路大震災が社会に提起した新しい概念として、ボランティアとトラウマがあるといわれる（北原、二〇〇六、三八八頁）。ボランティアは、既成の組織に頼らずに、自発的に無償の社会活動に従事することで、阪神・淡路大震災のときには、ピーク時には一日二万人、トータル一〇〇万人にのぼる社会人や学生などが、大きな力を発揮した。

従来の日本の社会は血縁や地縁に基づく共同体のなかで相互扶助が行なわれてきた。しかし、人口の都市集中にともない、従来の血縁や地縁が機能しにくくなった。阪神・淡路大震災は、最大の被害地域が神戸に集中した都市型の災害であったので、血縁や地縁に頼らず、外部からやってくるボランティアが活躍できる余地が大きかった。このようなボランティアの活動は、一九九八年に特定非営利活動促進法が成立すると、ＮＰＯ（特定非営利活動法人）として、従来の固定的な組織を超えてさまざまな分野で活躍するようになった。

ボランティアが新しい時代に即した未来への可能性を開く動向であったのに対して、トラウマはマイナス面の深刻な問題として浮上した。トラウマは心的外傷のことで、衝撃的な出来事に遭遇することで心に傷を負うことをいう。その障害が非常に大きく、精神病理的な疾患にまでいたったものが心的外傷後ストレス障害（ＰＴＳＤ）である。ＰＴＳＤは、戦争・災害・家庭内暴力など、生命の危険に瀕するような事態を経験したとき、不安や不眠、感情の麻痺、記憶の障害、フラッシュバックなどの精神的な症状が現われる。

阪神・淡路大震災では多数の死者が出たばかりでなく、生き残った人たちも身内を助けられず、生き残ったことへの罪悪感にさいなまれた。大震災後、これまでなかったほど精神科医の出番が多くなった（中井編、一九九五）。また、老人が仮設住宅で孤立し、孤独死を迎えるようなケースも多くみられた。

こうした心の問題は、震災後十数年経てもなお解決していないことが少なくない。このようなことは、もちろん阪神・淡路大震災によってはじめて起こったことではなく、過去の災害や戦争などの場合にも多くみられたが、正面から問題にされることがなかった。精神医療が未発達であったと同時に、当時は物質的な損害を回復し、経済的な発展を遂げることが第一の課題であり、心の問題は無視されていた。

このように、阪神・淡路大震災はさまざまな問題を抱えていたが、少なくとも表面的にはある程度順調に復興がなされ、また首都圏は無傷であったので、それだけでは日本全体の精神状況を大きく一変させるほどではなかった。ところが、その後オウム真理教事件がつづくことによって、首都圏を含めて、日本の精神状況に深刻な事態を生ずることになった。それまで、日本は安全で治安がよいことが誇りであったが、首都圏も、関西圏もともにダメージを受け、世界のなかでもきわめて危険な国と化することになった。

地下鉄サリン事件は阪神大震災と必ずしも無関係ではない。サリン散布はそれ以前から計画されていたことであり、ハルマゲドン（世界最終戦争）の接近を自作自演で演出する目的であったが、阪神・淡路大震災はそれをきわめて現実的に感じさせる終末的な出来事であった。サリン事件の直前に刊行された麻原の著書『日出づる国、災近し』は、「この九五年の終わりから一気に日本は大きな変化へといざなわれるのである。この大きな変化はまさにハルマゲドン、そして第三次世界大戦へと動いていく」（麻原、一九九五、三七頁）と、危機感をあおっている。オウム真理教が解体されて以後も、一九九九年に世界が終わるとする「ノストラダムスの大予言」がもてはやされ、終末論的状況がつづいた。

大震災とオウム以後、「終わりなき日常」（宮台、一九九八）といわれるような状況になる。政治運動は下火となり、政治変革によって理想の社会を築く夢は消えた。そこで新新宗教ブームとなったが、オウム真理教の欺瞞《ぎまん》がはがれ、宗教もまた信用できなくなった。若者たちは行き場のない不安のなかで日常を過ごすことになる。

そのなかで、不気味な出来事はますます増えていく。一九九七年には、阪神・淡路大震災の被災地でありながら被害が少なかった神戸の須磨ニュータウンで、連続児童殺傷事件が起こる。犯人は、殺した少年の頭部を学校の前に置く残忍さと、「酒鬼薔薇聖斗」を名乗るゲーム的な挑戦で話題をまいたが、一四才の中学生が逮捕され、社会に大きな衝撃を与えた。精神病理学でも解明しきれない「心の闇」が大きくクローズアップされ、閉塞感はますます強まった。そのような状況下で、オタク文化といわれるような閉鎖的なサブカルチャーが若者の支持を受けるようになった（当時の精神状況については、末木、二〇〇七参照）。

二〇一一年――東日本大震災と死者の問題

二〇一一年三月一一日の東日本大震災は、東北地方太平洋側から関東東北部という広範囲の地域に巨大な被害を与えた。死者は一万五〇〇〇人を超え、震災後一年を経ても三〇〇〇人以上の行方不明者が残り、遺体の捜査が難航した。二〇一二年二月に復興庁が開設されたものの、いまだに復興の見通しは完全にはついていない。

その理由は、第一に、地震・津波・原子力発電所事故という多重的で複雑な構造をもち、対応が容易でないということが挙げられる。とりわけ原子力発電所の事故は、発電装置そのものをどのように最終的に安全に処理するかという問題とともに、広範囲に飛散した放射能による人体への影響も懸念され、きわめて長期的な対応が必要とされる。

第二に、被害地域が広範囲にわたり、それぞれの地域の事情を抱えて一律の対応が難しいという事情がある。仙台のような都会は比較的早く復興の道筋が付けられた。しかし、津波の被害は海岸線に沿って長く広がり、もともと交通の便が悪く、高齢化して人口が減少し、経済的にも困難な地域も多いので、復興の目途が付けにくい。福島県は、放射能汚染によって、農業・畜産業がきわめて深刻な打撃を受けている。瓦礫の撤去も大きな問題となった。

このように深刻な事態が長期的につづいているが、それにともない、その影響は被災地のみに限られず、日本全体に及んでいる。災害の後は復興バブルともよぶべき好景気になることが多いが、今回はそれはごく一部にとどまり、経済的にも困難な事態がつづいている。原子力発電所の事故により、国内のほぼすべての原子力発電所が停止し、今後の電力供給をどうすべきか、その議論も十分になされていない。さらに、近い将来首都圏を大地震が直撃する可能性が大きいことが予想されており、それが現実となった場合、どれだけの被害が出るか、予測もつかない。こうして東日本大震災は、一地域の問題ではなく、日本全体の問題となった。

東日本大震災の社会的側面を考える際、日本社会の少子高齢化現象を考慮しなければならない。一九七〇年代前半をピークに出生率は減少して、他方、一九四〇年代後半のベビーブームに生まれたいわゆる「団塊の世代」が六〇歳を過ぎ、少子高齢化が世界でももっとも顕著に進行しつつある。それは国家経済を直撃する。就労人口が減り、年金世代が増えれば、国家経済は破綻する。経済が下降していく時期の震災は、経済上昇期にくらべてはるかにダメージが大きい。

また、被災地の高齢化による復興の困難という問題にも直面する。震災前から、過疎地の高齢化が進み、それがさらに過疎を加速させるという悪循環を生み、地方都市も疲弊しつつあった。震災はそれらの地域を直撃し、再建をますます困難にしている。

こうした情勢のなかで、かつて語られた「終わりなき日常」は終焉し、「終わりなき非日常」

へと突入している。漠然とした不安ではなく、現実問題として対処困難な問題が山積し、身動きできない情勢となっている。震災後盛んに連呼された「東北がんばれ」「日本がんばれ」という掛け声は、精神力に頼るほかない具体策の欠如を意味し、「絆」の強調は、それだけ人間関係の解体が進んでいる実情の裏返しにほかならない。東浩紀は、それを「震災でぼくたちはばらばらになってしまった」（東、二〇一一）と表現している。

そのなかでは、思想もまた、既成の概念では対処しきれないことが明らかとなっている。たとえば、震災後、鴨長明の『方丈記』が注目され、「無常」ということがしばしば取り上げられる。たしかに災害で多くの人びとが亡くなり、家々が破壊されるのは、仏教でいう無常の現実を見せつけるかのようである。ところが、それほど単純ではない。放射能問題は、ある程度落ち着くまででも数十年、完全に無害化するには一〇万年かかるという。被災地の復興も見通しがつかない。そのような状態が長期間持続することになれば、それを無常として片づけることは困難である。

それでは、無常論に代わって、どのような思想が可能であろうか。災害に関する過去の思想を歴史的に溯って検討することは第二節の課題であるが、ここでは、二一世紀に入って死者の問題が大きく浮上したことを指摘しておきたい（末木、二〇一〇b参照）。

そもそも近代の思想は基本的に生の思想であり、現世における人間の生を豊かにすることが目標とされてきた。死後の問題は科学的に解明できないとして排除され、唯物論のように、死後を完全に否定するような思想も有力になった。このような傾向は、第二次世界大戦後の日本において顕著であった。原爆被災地である広島の原爆死没者慰霊碑は、正式には広島平和都市記念碑であって、慰霊ということも公的には意図されていない（末木、二〇一〇b、一六八頁）。

しかし、実際には戦争の死者の問題は、戦後六〇年以上を経て、消えるどころかますます重い課題となっている。靖国神社や南京大虐殺の問題など、戦争の死者の問題は決して、過ぎ去り、忘れ去られる問題ではない。震災だけでなく、アメリカで二〇〇一年に起きた九・一一テロ事件は、大都会のなかの大量死という問題を改めて突きつけた。

死者の問題が浮上したのは、自覚化された思想のレベルよりも、大衆的な社会現象としてまず現われた。二〇〇六〜〇七年頃、「千の風になって」という歌が大ヒットしたが、これは、もともとアメリカで一九三〇年代に書かれたものが、九・一一の慰霊集会で朗読されて話題となったものという。これは、「私のお墓の前で泣かないでください」（荒井満訳）ではじまり、死者がお墓のなかに眠るのではなく、千の風になって空から生者を見守るというストーリーが展開する。この歌が流行した頃は、一気に高齢化が進み、死への関心が高まるとともに、葬儀や墓地の問題が大きな関心をよぶようになっていた。

二〇〇八年には映画『おくりびと』（監督・滝田洋二郎）が公開され、多くの観客を動員した。葬儀のときに遺体を清めて納棺する納棺師を主人公にして、生と死、家族の愛を描いたもので、これまで陰に隠れていた死者に関与する職業が一躍クローズアップされることになった。二〇〇九年の直木賞は、天童荒太の『悼む人』が受賞したが、主人公は、会社を辞め、野宿をしながら各地を巡り、不慮の死を遂げた死者を悼んで回るという話である。

東日本大震災の前に、このように死者をテーマにした作品がつづけて話題となったのは、奇妙な符合であった。阪神大震災、そして東日本大震災という大量死がつづくなかで、かつてのように、それを乗り越えて活気のある社会をつくるということが、いまの日本では容易にできない状況になっている。そのなかで、これらの作品に予兆された死と死者の問題が、いまや不可避の問題として立ち現われているようである。実際、震災と関連して、死と死者を主題とした思想書の出版がつづいた（若松、二〇一二、森岡、二〇一二など）。

災害の思想史

古代・中世の災害観

①災害観の基本類型

以上、今日の日本において、災害が思想面でどのような影響を与えたか検討を加えた。そこで次に、歴史を遡って、日本人が災害をどのように捉えてきたか、思想史的に検討してみたい。近年、災害史・震災史については、急速に新しい研究が進展しつつある（保立、二〇一二、磯田、二〇一四、北原、二〇一六など）。

日本は古代から地震・台風など自然災害が多く、人びとの生活を脅かしてきた。災害に対して、たとえば水害に対しては堤防を築き、旱魃に対しては溜池をつくるなど、科学技術による対応がなされたが、それですべて防げるわけではなかった。そこで、自然の奥なる意志を問う宗教的な災害観が重要な意味をもった。

古代の日本人の災害観、とりわけ地震に関する思想として、西岡虎之助は、天譴《てんけん》の思想、陰陽《おんみょう》道《どう》の思想、祟りの思想の三種類を挙げている（西岡、一九二三）。西岡の研究は古いものであるが、基礎となるものであるから、それにしたがって、簡単に概観しておきたい。

まず天譴の思想は、奈良時代から平安時代初期にみられるもので、「主として詔に現はれた儒教主義に基づく」ものである。天譴は「全般の階級に下された天の誡飾《かいしょく》ではなくして、たゞ政治にたずさはる特殊の階級のみに限つて降されたもの」である。

次に、陰陽道の思想は、平安中期以後の思想であり、陰陽道では四種の地震があるという。それは、火神動・龍神動・金翅鳥《こんじちょう》動・帝釈天動である。「これら四種の地震は、各々一定の宿曜に当つて動くのであつて、――逆に言へば、宿曜の如何によつて地震の種類を決することが出来る訳であつて、それが更に種々の吉凶禍福の前兆と関連せられた」という。その、際注意されるのは、「陰陽道に於いては、地震を以つて怪異と認めて災厄としなかつたこと」である。すなわち、地震自体は災厄ではなく、災厄の予兆となる怪異現象とみなされ、それゆえ、為政者は身を慎んで災厄を招かないようにしなければならないのである。

第三が、祟りの思想である。祟りは天譴説の咎《とが》と似ている。しかし、「禍を下す主体が、一方は天であり一方は神であるといふ微妙な点に於いて相異なつてゐるのである」。神の祟りが明白に文献にみえるのは、高倉天皇の仁安四年（一一六九）正月二六日に伊勢神宮に奉った宣命《せんみょう》の辞《じ》別《べつ》においてであるという。

②祟り説の展開

以上、西岡虎之助の整理に基づいて古代・中世の災害観を概観した。この三つの災害観は古代・中世の基本的な災害観の類型といってよいが、多少のコメントを付しておく。

天譴説と祟り説とは、西岡が挙げる天と神の違いだけでなく、もうひとつの違いがある。天譴説は支配者が道徳的な善をなさず、悪を行なうことに対して、天が懲らしめるのであり、それに対して、祟りの場合は、道徳的な善悪よりも、神を正しく祀るか否かが問題とされる。陰陽道説は、善悪ではなく、怪異に対して身を慎むことを求める点、また龍神などの神が引き起こすという点では、祟り説に近い。ただ、怪異の出現が宿曜の理論で解明されるところには、災害の科学的理論による説明につながるところがある。

四種の地震の原因と宿曜との関係は、もともとは仏典の『大智度論』巻八(大正蔵二五、一一七上)に出るもので、陰陽道説は実際には仏教と密接に関係している。中世には、地震が起こると、この四種にさらに水神動を加えた五種のいずれかに分類することが行なわれた(黒田、二〇〇三、一二一—一二二頁)。

祟り説は、すでに貞観八年(八六六)一月二〇日に「諸神成祟」(『類聚三代格』)とみえ、平安期の早い時期からみることができる。ほかにも、類似の用例は多い。北條勝貴によれば、さらに古く、すでに『古事記』の崇仁《すじん》天皇段に、「神が怒って人間に災厄をもたらすという〈祟り〉のあり方」がみられるという（北條、二〇〇六、一九頁）。すなわち、厄病が流行し、人びとがつぎつぎと死んでいったときに、三輪山の大物主神《おおものぬし》が託宣して、その災厄は神の意志であることを告げたので、神の求めるとおりに祀ったところ、厄病が終息したという。

平安期に発達した祟り説の典型として、御霊《ごりょう》説が挙げられる。これは政治的陰謀によって不慮の死を遂げた人の霊が災厄をもたらすというものであるが、政治的に不安定で陰謀や策略が横行した平安初期に流行した。貞観五年（八六三）に早良《さわら》親王をはじめとする六人の霊を京都の神泉《しんせん》苑《えん》で祀ったのが最初とされる。

神仏習合のなかで、御霊神は密教の明王の性格を与えられ、密教的な儀礼によって鎮められると考えられた。御霊神の典型が、菅原道真（八四五―九〇三）の霊を祀った天満大神である。道真は優れた文人政治家であったが、藤原氏の陰謀によって太宰府に左遷され、恨みを呑んで死んだ。その死後、厄病や落雷などの災害がつづき、社会的な不安が高まり、それが道真の霊の仕業とされて、神と祀られることになった。

このような祟り説は、政治が絡む国家的な問題ばかりでなく、個人の病気や突然の死も、しばしば悪霊によって引き起こされると考えられた。悪霊には、死者の霊や敵対するものの呪い、生霊、そのほかのさまざまな魔的な存在などが含まれ、それに対しては密教的な呪法で対抗することがなされた。また、多くの祭はこのような災厄神を慰撫して、災厄を免れることを目的として行なわれた。

その典型は、京都の祇園祭（祇園会）であり、中世にはその祭神は災厄神である牛頭天王《ごずてんのう》と考えられていた。牛頭天王を粗末に扱った巨旦将来《こたんしょうらい》は、牛頭天王によって滅ぼされたが、丁重に歓待した蘇民《そみん》将来の一族はその災厄を免れることができたという。このように、災厄神は災厄をもたらす恐ろしい神であるが、同時に丁重に祀るならば、その強力な力によって災厄を除く利益のある善神としてのはたらきをも示す両義性をもっている。牛頭天王は朝鮮に由来する神ともいわれ（川村、二〇〇七）、神仏習合的であるとともに、陰陽道の要素も入っている。

平安期から中世にかけて、御霊説を含む祟り説は広く受容され、日本では天譴説よりも一般的となった。このことは、道徳的な善悪よりも、現世を超え、その背後にある霊や神仏との関係を重視することを意味する。天譴説が儒教的な政治論を背景としているのに対して、祟り説は在来の神信仰に由来する要素をもちながらも、仏教、とりわけ密教によって大きく展開し、さらに陰陽道的な側面ももつ複合的な性格をもっている。

③災害の主体的な受け止め

ところで、中世には、このような基本的な災害観を基にしながらも、さまざまな災害を主体的な立場でどのように受け止めるかという新しい展開がみられるようになった。その例として、鴨長明の『方丈記』や、日蓮の『立正安国論』が挙げられる。

鴨長明（一一五五？～一二一六）は、賀《か》茂《もの》御《み》祖《おや》神社（下鴨神社）の神官の子として生まれたが、神官としての道を閉ざされて出家し、京都南部の日野に隠棲した。『方丈記』は、その生き方を記した短いエッセーであるが、前半では、当時の火災・竜巻・遷都・疫病・地震など、さまざまな災害がつづいたありさまを詳細に記している。当時は源平の戦乱のただなかであり、天災とともに、平家による福原への遷都のような政治的な混乱もまた、災害として同列に扱われている。

大勢の人が災害でたちまちに死に、そこにまた新しい家々が築かれていく様子に無常を痛感する。それが、巻頭の有名な文句、「ゆく河の流れは絶えずして、しかも、もとの水にあらず。よどみに浮ぶうたかたは、かつ消え、かつ結びて、久しくとどまりたる例《ためし》なし。世の中にある人と栖《すみか》と、またかくのごとし」（角川文庫本、一五頁）に結実する。後半では、それと対照的に日野に隠棲してからの閑居の安らぎを述べる。だが、その安らぎに対しても、草庵の生活を楽しむのも執着になるとして、「汝、姿は聖人にて、心は濁りに染めり」（同、四九頁）と自省している。

このように無常を、理論としてよりも感覚的に「無常感」として捉え、そこから修行に励むのではなく、隠者として閑居を楽しむ生き方は、隠者文学とよばれる中世文学の大きなジャンルを形成するようになった。

『方丈記』が、災害のつづく世間を逃れ、閑居の安らぎを求めたのに対して、天譴説や祟り説を取り入れながら、みずからの宗教的実践と結び付けたのが、日蓮（一二二二〜八二）である。当時は鎌倉時代後半に入り、さまざまな災害がつづいて社会不安が高まっていた。『立正安国論』（一二六〇）の冒頭は、「旅客来りて嘆いて曰く、近年より近日に至るまで、天変・地夭・飢饉・疫癘、遍《あまね》く天下に満ち、広く地上に迸《はびこ》る。牛馬巷に斃れ、骸骨路に充てり。死を招くの輩、既に大半に超え、之を悲しまざるの族、敢て一人もなし」（講談社学術文庫本、五九頁）と書きはじめられており、当時の状況が知られる。

そのような状況に、どうしたらよいかという客の問いに対して、主人が答えていく。その基本は、「世皆正に背き、人悉く悪に帰す。故に善神国を捨てて相去り、聖人所を辞して還らず。是を以て、魔来り鬼来り、災起り難起る」（同、六〇頁）というところにある。人びとが正しいことに背いて悪に帰すると、善神は国を見捨てて去ってしまうので、残った魔や鬼が暴れて災害が起こるというのである。これは善神捨国説とよばれる。

災害が道徳的な善悪と関係づけられる点で天譴説に近いが、天譴説の天が唯一的なのに対して、善神と魔・鬼の関係を問題にしたところに特徴がある。また、支配者だけの責任にせず、「世皆」とか「人悉く」のように、人びと全体の責任に帰することも注目される。そのことを日蓮は、『金光明経』などの経典を引いて論証する。

では、具体的に「正に背き」とか「悪に帰す」とはどういうことかというと、人びとが『法華経』を捨てて、念仏に帰したことだとして、当時流行していた法然流の念仏を批判するのである。日蓮は『立正安国論』を政府に上呈して念仏の禁圧実現しようとするが、かえって自分が佐渡に流罪にされる。そのなかで、日蓮はみずからを見つめ、『法華経』の主体的な理解を深めることになる。それは、過去世において自分自身が『法華経』を誹謗したので、それで現世の苦難を受けることになったのではないかという自省である。その自省が『法華経』の行者としての自覚をさらに深めていくことになった。

このように、日蓮の思想は念仏排撃などの極端なところもあるが、災害を思想的な問題として捉え、主体的な問題を深めているところに独自の展開がある。

近世の災害観

①知識人の自然観と災害観

近世になると、武士を中心とした知識人の世界では儒教が主流を占めるようになる。儒教では、天譴説のように天を超越的に立てる場合もあり、そのような見方は近世になってもみられる。とくに大名など支配者の自省の意味をもっていた（若尾、二〇〇四、一二七頁）。しかし、近世に広まった朱子学などでは、超越的な天を立てず、世界をそれ自体として内在的な原理で発展展開するものと考える。近世初期の『儒仏問答』は、儒者の林羅山《はやしらざん》と在家の仏教信者松永貞徳の論争を記したものであるが、仏教側が前世・現世・来世の三世の因果を説くのに対して、儒教側はこの世界が「万物一体」で展開していくと説き、その点が大きな対立点となった（大桑・前田、二〇〇六）。

このような朱子学的な立場では、自然と人間とは切り離されたものではなく、人間も自然のなかの一部と考えられるのが一般であった。それに対して、丸山眞男は、近世儒教のなかに「自然」と「作為」（人為）を対立させる発想が生れたことを指摘して、そこに近代の出発点をみた。とりわけ丸山が重視したのが荻生徂徠《おぎゅうそらい》である（丸山、一九五二）。朱子学が人間の社会や倫理を自然との一貫性においてみるのに対して、徂徠は両者を切り離し、人間社会の秩序は聖人が人為的に作成したものと考えた。それによって、人間社会は自然によって決められたものではなく、人間が責任をもってつくっていくことが可能となるというのである。

今日、近世の思想は丸山のいうほど単純な展開を示しているわけではないことが明らかになっている。近世でも人間と自然は一貫して捉えるほうが一般的であり、そこから両者を二者択一的なものとみずに、「自然」と「作為」の調和を求める道もある。すなわち、「自然」に従いつつも、ある範囲で「作為」の要素を認めるのである。

それは、たとえば、二宮尊徳（一七八七―一八五六）に典型的にみられる。尊徳の思想については第三章に述べたが、災害への対処という点からも注目される。

尊徳は、小田原（神奈川県）や下野（栃木県）で冷害などによって荒廃した農村の復興に成功したが、その根本の思想は、「天理」と「人道」を対立させながらも、相補的とみていることである。「夫《それ》世界は旋転してやまず、寒往けば暑来り、暑往けば寒来り、夜明れば昼となり、昼になれば夜となり、又万物生ずれば滅し、滅すれば生ず」（『二宮翁夜話』一。岩波文庫、二〇頁）というような自然の摂理を「天理」とよび、それに対して、「人道は、是と異なり」（同）と、「天理」と「人道」をはっきり区別する。人は羽毛も鱗もなく、裸で生れるのであるから、「家がなければ雨露が凌がれず、衣服がなければ寒暑が凌がれず、爰《ここ》に於て、人道と云物を立て、米を善とし、莠《はぐさ》を悪とし、家を造るを善とし、破るを悪とす、皆人の為に立たる道なり」（同）とされるのである。それゆえ、「天理より見る時は善悪はなし」（同）であるが、人道を立てるときに善悪が生ずることになる。

だが、「人道」は「天理」とまったく相反するものではない。「人道はその天理に順《したがふ》といへども、其内に区別をなし、稗莠を悪とし、米麦を善とするが如き、皆人身に便利なるを善とし、不便なるを悪となす」（同、二一一頁）ものである。このように、「人道」は「天理」と異なり、善悪を立てるものではあるが、「天理」を離れてはありえない。

尊徳は、このような思想をもって荒廃した農業の立て直しを図って成功する。災害に対して合理的に対処する道を切り開く思想といえる。

尊徳が活動したのは、それほど自然がきびしくない関東地方であったので、このような調和的な発想で立て直すことが可能であった。それに対して、自然がきびしく、しばしば飢饉に見舞われた東北地方では、そのような自然観では対処しきれなかった。東北のきびしい自然のなかで、人為を否定して自然に帰ることで乗り越えようとしたのが、安藤昌益（一七〇三―六二）であった。昌益は若い頃、災害に対して天譴説の立場を取っていた（若尾、二〇〇四）。暦学を学んだときのノートである『暦ノ大意』では、「妖怪ハ国政ノ私ニ出デテ、天、是レヲ示ス。民ハ天真ノ舎ナリ。国政過《あやま》ツ則《とき》ハ、民、之レガ為ニ苦シム。民苦シム則ハ、其ノ憂ヒ、天神・地祇ニ応フ」(『安藤昌益全集』一六下、一二一―一二二頁)といっている。国政が誤り、民が苦しむとき、その憂いに感応して天神・地祇が妖怪(異変)を示すというのである。

自己の思想を確立してからの昌益は、天神・地祇を媒介とせず、自然の自己運動として世界が展開すると考えるようになる。『自然真営道』(三巻本)序では、「自然ト言フハ、五行ノ尊号ナリ」(日本思想大系四五、一一三頁)と、その「自然」は五行であるという。

その五行が進退するところにおのずから秩序が生まれる。「自リ然ル真ノ営ム所ニシテ、転定《てんち》(昌益独自の書き方で、天地のこと)・人倫・鳥獣・虫・魚・草・木トナル所以ナリ」(同、二〇頁)といわれるように、その秩序は、宇宙的な「転定」から、人間がかかわる鳥獣草木などの環境世界、そして、人間世界にまで一貫するものである。その点で、昌益は世界と人間の一貫性を認める朱子学的な世界観と近い。

しかし、そこで人倫とされるものは、封建的な身分差別ではない。昌益は徹底的に農耕の現場から人間社会の支配関係を否定し、「直耕」、すなわち直接的な農業生産に従事することを理想化する。それなのに、「不耕」の者たちが根本の自然のあり方に逆らって身分秩序をつくり、支配収奪するところに人びとの不幸がはじまるというのである。

このような見方から、稿本『自然真営道』私法神書巻下では、「奇怪・転変ヲ以テ神ノ霊験ト為スコト、甚ダ失レリ」（『安藤昌益全集』一六上、六四頁）と、天変怪異現象を神の霊験とすることを否定している。また、菅原道真が雷神となって人を殺したという説を批判し、「天雷神ノ偶々落チテ人ヲ殺スコト之レ有リ、天雷之レヲ殺スニ非ズ、人ノ居所・行ク所、雷ノ落ツルニ遇ヒテ自《ひと》リ死スル者ナリ」（同、六七頁）と、落雷を神の所為ではなく、自然現象にたまたま遭遇したただけだとしている。

しかし、昌益は災害を純然たる自然現象とみているわけではなく、人間の善悪が転定《てんち》（天地）の運行に影響を与えるとする。『統道真伝』には以下のようにいわれている。

人ノ気ハ呼気ヨリ出デテ転定ノ吸気ト為ル、転定ノ運気コレナリ。此ノ故ニ人ノ正気ナル則《とき》ハ転定ノ運気モ正気ニシテ、大風・妄雨ノ不正ノ気行ハ行ハレズ、万物ノ生能《よ》キナリ。人ノ和喜ノ気ナル則《とき》ハ転定ノ運気和順ニシテ薬物ヲ生ジ、珍悦ナルコト人ニ到ル。人ノ常ニ妄欲心ニシテ、不幸ニシテ貪リ、誑シ、悪念盛ンナル則ハ其ノ悪心・邪気常ニ呼息ヨリ出デテ転定ノ運気ヲ汚ス。其ノ邪気積リテ運気終ニ大激ス。

（岩波文庫下、一二〇―一二一）

人間の心の正悪に従って転定（天地）の運気が影響され、和順であったり、激動したりするというのである。これは、人間の行為の善悪が最終的に自然の和順や災害をもたらすという点で天譴説に近いが、天という超越的なものの意志をいれずに、直接自然が人間の行為に反応すると見る点で異なっている。

このように昌益は自然と人間とを統合的に見て災害を考える立場をとるが、必ずしもそれが知識人に広く行なわれていたというわけではない。そもそも昌益の『暦ノ大意』は、西川如見《にしかわじょけん》の天譴説批判を再批判するものであった（若尾、二〇〇四）。昌益にあっては、自然と人間とは切り離すことはできないものであり、自然に反した人間生活を自然に戻さなければならないという強い倫理的な志向があった。それが天譴説、もしくはそれに近い説を採らせたゆえんであったと考えられる。

近世の知識人の多くは、もっと醒めた目で天災をみていたように思われる。近世に広く行なわれた百科事典である寺島良安《てらじまりようあん》の『和《わ》漢三才図会《かんさんさいずえ》』（一七一二）の巻五五の「地震」の項目は、最初に「震者動也、怒也」と定義して、「陽、陰下に伏し、陰に迫らる、故に外する能はず、以て地動に至る」（原漢文、四丁表）と簡略に説明している。さらに、諸書を引用した後、「按ずるに、地中に竅《あな》あり、蜂の窠の如く、水潜り、陽気常に出入す。其の陰陽相和し、宜を得たるときは則ち常と為す。如《も》し陽渋滞して出づるを得ず、歳月を積むときは則ち地脹れ水縮む」(同、四丁裏)として、それが原因で地震が起こるとしている。すなわち、人間の行為とは関係ない自然現象として、いわば科学的な説明を与えている。このように、近世には客観的、科学的、合理的な災害観もかなり広まってきていた。

②民衆の災害の受け止め方

このように知識人によって災害の理論的な説明がなされたが、一般の人びとは災害をどのように受け止めていたのであろうか。まず、浅井《あさい》了意《りょうい》の『かなめいし』をみてみよう。本書は寛文二年(一六六二)五月一日に京都方面で起きた大地震の模様を記したものであるが、当時流行した仮名草子とよばれる仮名で書かれた通俗的な読み物として出版された。

本書については、北原糸子がくわしく紹介しているが(北原、二〇〇六、二三一―二四五頁)、三巻からなり、「上巻は京都における地震実況的描写、中巻は、京都以外の地震の災害の概要、……下巻は日本地震史とでもいうべき古記録からの地震記事の抜書きと地震の原因についての解説、そして、この物語が成立するきっかけとなった事柄を紹介する」(同、二三九頁)という構成になっている。

これは、近世に大地震のたびに出版される多数の地震誌のスタイルの原型となるものといわれている。ここには、地震自体の甚大な被害の様子はもちろん、そのなかでの人びとの慌《あわ》てぶりや不安、悲嘆などが、諧謔《かいぎゃく》も交えた軽妙な筆致で綴られ、地震の情報を提供するとともに、地震に備える啓蒙的な読み物として広く受け入れられた。

本書下巻には地震の原因説として、「仏経」と「易道」の二説が挙げられている。「仏経」の説としては、中世にも行なわれた『大智度論』の四種説も挙げられるが、むしろ本書がくわしく述べるのは、この世界が風輪・水輪・金輪・土輪の四層からなり、風輪の動きがしだいに上に伝わって地震が起こるという説である（『中阿含経』地動経に基づく）。「易道」というのは、中国古典の説であり、「陰気上におほひ、陽気下に伏して、のぼらんとするに陰気に押さへられて、ゆりうごく時にあたつて地震となれり」（『仮名草子集』、七〇頁）という説を紹介している。これは上記の『和漢三才図会』などの説の原型的なものである。

本書の最後の章では、陰陽五行による災変説を挙げるが、「このたびの地震は、五穀ゆたかに民さかゆべきしるし也」（同、八二頁）と肯定的に述べているのは、体制批判を避けて出版統制を免れるためという（北原、二〇〇六、二四〇頁）。さらにその後に、俗説に、五帝龍王、この世界をたもち、龍王いかる時は、大地ふるふ。鹿嶋の明神、かの五帝龍をしたがへ、尾首を一所にくぐめて、鹿目の石をうち置かせ給ふゆへに、いかばかりゆるとても、人間世界は滅する事なしとて、むかしの人の哥《うた》に、

ゆるぐともよもやにけじのかなめいし　かしまの神のあらんかぎりは

（『仮名草子集』、八三頁）

鹿島神宮の要石の話であり、これが本書の書名となっている。龍が地震を起こすのは、先にみた四種または五種動のひとつの龍動に由来するが、同時に龍は中世においては国土を取り巻いて護る神的存在でもあった（黒田、二〇〇三）。それがしだいに俗化して、やがて鯰に変わるのである。本書はこのように諸説を挙げながらも、そのどれかひとつに決定するわけではない。また、庶民はそのような理論的な説明に満足するわけではない。豊国神社周辺は揺るがなかったために、豊国神社に参詣する人が列をなしたという。また、占い師たちがさまざま占いをし、神社では託宣が相次いだ。

著者はそのようなにわか託宣に皮肉な目を向けているが、それでは自分は冷静沈着かというと、地震のとき、妻と間違えて熊野比丘尼の手を取って逃げ出し、妻から追い出されたという。そこ

で、出家の姿となって、処々に地震のありさまを見聞して本書を書いたというのである。これはフィクションであろうが、いざとなれば慌てふためく自分自身を戯画化すると同時に、そのような庶民の姿に温かい目を注いでいるところに本書の特徴がある。

このような庶民の災害観をもっともよく表わしたのが、幕末の安政二年（一八五五）一〇月二日の江戸を中心とした大地震の後に売り出され、大流行した鯰絵である。これは、鹿島神宮の要石に押さえられていた大鯰が暴れたために地震が起きたという俗説に則りながら、鯰を主人公にして地震の諸相を描いた一枚ものの版画で、二〇〇種類以上が知られている。小松和彦は、その絵柄を四種類に分類している（小松、一一六頁）。

1、怪物鯰の活動で生じた地震の惨状を描いたもの。
2、地震制圧の神として鹿島大明神を筆頭とする神々や民衆による地震の制圧・鯰退治を描いたもの。
3、復興景気で一部の職人たちが大喜びをし怪物鯰に感謝しているもの、あるいはその逆の、地震のために職を失ってしまった人たちの窮状を描いた震災直後の世相を描いたもの。
4、金持ちをこらしめたり、新しい世界を出現させる、いわゆる世直し鯰を描いたもの。

このように、地震を起こす鯰は悪者ではあるが、同時に福神的な性格ももっている。地震は「富の偏在を改めさせ、職人層に潤いをもたらす経済的恩恵」（北原、二〇〇〇、二二六頁）をもっていたのであり、そこから歓迎されるところもあった。

さらにまた、北原糸子は、神的な大鯰に対して、庶民的な姿で描かれる小鯰（鯰男）に注目している。「庶民たるこの鯰男が活々と描かれるのは、地震によって地底や泥沼から解放されたから」(同、二二八頁)であり、庶民にとって、災害は非日常の開放感をともなう「災害ユートピア」(同、二三〇頁）の面があったとしている。

以上のように、古代中世には、災害に対して人知を超えた超越的な原因を求め、天譴説・陰陽道説・祟り説などの形態を取っていた。それが近世になると、世俗化の様相が強くなり、超越性が弱まり、これらの説はしだいに変形していく。一方で、地震に関して客観的な自然現象とみる見方が知識人の間で広まるとともに、他方で、自然が人間の行為をも含めて展開していくという考え方から、安藤昌益のように、超越的な天や神ではなく、自然が直接人間の行為に感応するという説がみられた。

一般の庶民の間では、中世の龍が鯰に変わり、鯰絵に発展していく。これは、超越的、神的な力が矮小化されながら、しかし、消えてなくなるわけではないという近世的な状況を示している。

中世の魔的な存在が、近世には幽霊や妖怪に変貌するのと同じである。

近代の災害観

近代になって、第二次世界大戦までの間で最大の災害は、大正一二年（一九二三）九月一日に起きた関東大震災であった。東京を中心に、死者が一〇万人を超え、首都圏が壊滅状態に陥った。関東大震災は、とりわけ火災による被害が大きく、本所被服廠跡の公園では、旋風をともなう火災によって四万人もの人が亡くなった（吉村、二〇〇四）。現在その跡地に東京都慰霊堂が建てられ、大震災の死者と東京大空襲の死者とを祀っている。

関東大震災でもうひとつ忘れてならないのは、さまざまな流言蜚語《りゅうげんひご》が流されて人びとの不安をあおったことである。なかでも朝鮮人や社会主義者が暴動を起こすという流言は人びとに強い警戒心を起こさせ、各地で自警団を組織して朝鮮人を誰何《すいか》し、虐殺するようなことさえも起こった。社会不安が高まっていたなかで、情報伝達が不十分であったことが原因である。

関東大震災の後では、このような事態を反省し、思想的に深める営為がさまざまな形でなされた。たとえば、東京帝国大学理科大学教授で同時に随筆家としても知られる寺田寅彦（一八七八—一九三五）は、震災後の調査に当たるとともに、いくつかの随筆で震災についての知見を示した。その基本的な考え方は、「文明が進めば進むほど天然の暴威による災害がその激烈の度を増す」（『天災と国防』講談社学術文庫、一二頁）というところにある。すなわち、文明が進めば進むほど、人間は自然に逆らって人為的な造営物をつくってきたので、それが災難を増すことになるというもので、簡単に文明が進んで防災が徹底すれば災害が少なくなるという楽観論を批判している。

震災を期に文明の進化を反省するという方向は、新たな形で天譴説の蘇りをも招くことになった。作家で鋭い文明批評家であった永井荷風（一八七九―一九五九）は、その日記『断腸亭日乗』で、「近年世間一般奢侈驕慢、貪欲飽くことを知らざりし有様を顧みれば、この度の災禍は実に天罰なりといふべし」（大正一二年一〇月三日）（『摘録断腸亭日常』上、岩波文庫、六九頁）といっている。荷風は、「外観をのみ修飾して百年の計をなさざる国家の末路は即かくの如し。自業自得天罰覿面《てきめん》といふべきのみ」（同、七〇頁）というように、表面だけの無理な近代化を無計画に推し進めてきたことへの批判と結び付けている。これは、災害を支配者の戒めとする儒教的な天譴論とは異なり、近代の文明のあり方を問い直す新しい形の天罰論ということができる。

新しい形の天罰論としては、キリスト教の立場に立つ内村鑑三（一八六一～一九三〇）の説が注目される。内村は震災後、「天災と天罰及び天恵」を発表し、その天罰観を表明した。それによれば、「天災は読んで字の通り天災であります。即ち天然の出来事であります。之に何の不思議もありません。地震は地質学の原理に従ひ、充分に説明する事の出来る事であります。地震に正義も道徳もありません」（『内村鑑三全集』二八、一八頁）としながらも、「然し乍《なが》ら無道徳の天然の出来事は之に遭ふ人に由て、恩恵にもなり又刑罰にもなるのであります。そして地震以前の東京市民は著るしく堕落して居りました故に、今回の出来事が適当なる天罰として、彼等に由て感ぜらるゝのであるます」（同）とつづけている。すなわち、地震はまったくの自然現象でありながら、それを受け取る側によってその意味が変わってくるというのである。そして、東京市民が堕落していたゆえに、関東大震災は天罰であると受け止めている。

どのように東京市民が堕落していたのか。内村は、「今回の震災は未曾有の天災たると同時に天譴である。……近来政治界は犬猫の争闘場と化し、経済界亦商道地に委《い》し、風教の頽廃は有島事件の如きを賛美するに至つたから此大災は決して偶然でない」という渋沢栄一の言葉を引いて、賛意を評している。

有島事件というのは、大震災の少し前、大正一二年六月に、作家有島武郎が人妻の波多野秋子と心中した事件であり（発見は七月七日）、スキャンダラスな事件として世間の話題となった。渋沢はそれを道徳的頽廃の極致として非難しており、内村もそれに賛意を表しているが、じつは内村の場合、ただ単に道徳的頽廃を問題にしているだけではない。有島は内村の薫陶を受けてキリスト教に入信しており、内村にとって有島の行為は背教として許すべからざるものであった。大震災前の説教で、大震災直後に公刊された「神は侮るべからず」は、有島事件を念頭に、背教者をきびしく責める言葉に終始している。そのなかで、「神が時々其怒を表はして、明白なる正義を曲げて歓びとなす者を罰して下さるに非ざれば、それこそ世界は亡びて了《しま》ふのでありま す」(同、一〇頁)と、神罰が下ることを予言している。

もっとも背教者の有島はすでに死んでいるのであるが、大震災後の論調では、有島個人だけでなく、頽廃しつくした東京市民すべてに、罰が下って然るべきものという議論を展開している。内村はその後、同年中に書かれたいくつかの文章で、ソドムとゴモラの話をはじめ、『旧約聖書』をしばしば引いて、神にそむいて堕落した地に神罰の下ることを繰り返し説いている。

それらの文章のなかでも、「理学と信仰」では、「万事は之を二つの方面より解釈する事が出来ます。之を天然的に解釈する事が出来ます。又信仰的に解釈する事が出来ます」(同、六三頁)と二つの見方を挙げたうえで、「理学は万事の説明ではありません。理学以上の理学があります。神の聖旨《みこゝろ》が成りつゝあるのであります。世界の過去を顧みて有つた事はすべて悉く善き事であつた事が判《わか》ります」(同、六七頁)と、あくまで理学を超えた信仰の立場に立ちながら、すべてを「神の聖旨《みこゝろ》」として受け入れるべきことを説いている。

このように、内村の天罰論は、一見過去の天譴論の流れを引く道徳主義的な災害論のようにみえながら、じつはあくまでもキリスト教における神の摂理と信仰の議論である点で、これまでの日本になかった新しい説ということができる。

一九四五年八月九日に長崎に原爆が投下されたが、それは浦上天主堂周辺のカトリック信者の多い地区が大きな被害を受けた。長崎のキリスト教は江戸時代のきびしい弾圧に耐えてきたが、ふたたび大きな受難をこうむることとなった。みずからその被害に苦しみながら復興を指導した永井隆（一九〇八―五一）は、キリスト教の立場から長崎の原爆を意味づけ、受け止めようとした。それが長崎燔祭《はんさい》説とよばれるものである。


世界大戦争という人類の罪悪の償いとして、日本唯一の聖地浦上が犠牲の祭壇に屠られ燃やさるべき潔き羔《こひつじ》として選ばれたのではないでしょうか？……信仰の自由なき日本に於て迫害の下四百年殉教の血にまみれつつ信仰を守り通し、戦争中も永遠の平和に対する祈りを朝夕絶やさなかったわが浦上教会こそ、神の祭壇に献げらるべき唯一の潔き羔ではなかったでしょうか

（永井、一九九五、一四五―一四六頁）

永井は受難の地長崎こそ選ばれた地として、人類すべての罪を負って原爆の被害にあったのであり、そこに神の摂理をみようとする。それは苦難を選ばれたものゆえとみることで乗り越えようとするもので、これもまた、従来の日本の発想にはなかったものということができよう。

天譴説・天罰説をめぐっては、東日本大震災後にも大きな議論となり、私自身それに関係している（末木、二〇一二b）。ここではそれに立ち入らないが、その際、従来の日本の思想や宗教以外にも、南伝系仏教のテーラワーダや、チベット仏教の立場からも積極的に震災に関して発言し（たとえば、ダライ・ラマ一四世、二〇一二）、国際的な広がりをもってきていることは注目される。

ただ、その議論の際にいまだ必ずしも上記のような日本における思想史的な展開が十分に踏まえられていないように思われる。きびしい災害をしばしば受けてきた日本において、それをどのように人びとが受け止めてきたのか、その思想の多様なあり方をもういちど振り返って議論する必要があるであろう。

第五章

人間：身心観の展開

人間観と身体論

近代的人間像の受容

天は人の上に人を造らず人の下に人を造らずと言えり。されば天より人を生ずるには、万人は万人皆同じ位にして、生れながら貴賎上下の差別なく、万物の霊たる身と心との働きをもって天地の間にあるよろずの者を資《と》り、もって衣食住の用を達し、自由自在、互いに人の妨げをなさずして各々安楽にこの世を渡らしめ給うの趣意なり。

（『学問のすゝめ』岩波文庫、一一頁）

福沢諭吉が『学問のすゝめ』で高らかに人間の平等を宣言したのは、明治五年（一八七二）のことであった。アメリカ独立宣言（一七七六）、フランス革命（一七八九）を経て、近代的人間の勝利が決定的となり、時代は帝国主義下の植民地争奪戦に移ろうとしていた。そのなかで開国と政治の変革を経た日本は、いまや近代をつくる人間をまずつくりださなければならなかった。

「天」によって平等につくられた人は、「身と心との働き」において「万物の霊」であり、万物を助けるとともにそれらを利用し、お互いに独立独歩、自由に安楽に生きるべく定められている。それは、何よりも先立って形成された西洋の近代をモデルとし、西洋を受容するところに成り立つ。そして、個人の自由と独立は、同時に国家の自由と独立に結びつく。

それから四〇年に及ぶ明治の期間、大日本帝国憲法の発布（一八八九）によって近代的法整備を終えた日本は、日清戦争（一八九四―九五）、日露戦争（一九〇四―〇五）を経て、一応の近代化を達成するとともに、条約を改正して列強の仲間入りをし、アジアを餌食《えじき》とするようになる。だが、国家の繁栄は決して人びとの幸福を意味しない。社会的矛盾の増大への異議は、大逆事件（一九一〇）において政治弾圧によって圧殺され、人びとの心は萎縮して、「冬の時代」を迎えることになる。

自由平等であるはずの個人は屈曲して内面に向かい、二〇世紀の初頭は「主観主義」の時代として、清沢満之《きよさわまんし》・高山樗牛《ちょぎゅう》・綱島梁川《つなしまりょうせん》らの思想家たちが現われ、内面的な心の葛藤に表現を与えようとする。まさしく「煩悶」の時代である（末木、二〇〇四）。第一高等学校の学生藤村操が一九歳で日光の華厳の滝に身を投じて自殺したのは（一九〇三）、時代を象徴する事件であった。日本主義から個人主義へ、さらにエゴイズムから日蓮信仰へと短い一生の間に大きな振幅で揺れ動いた高山樗牛（一八七一―一九〇二）の軌跡は、時代の動揺をそのまま示している。そのなかで迎えた明治天皇の死（一九一二）は乃木希典《のぎまれすけ》の殉死の衝撃をともない、ひとつの時代の終わりを印象づけた。他方、新しく生まれた『白樺』（一九一〇創刊）や『青鞜《せいとう》』（一九一一創刊）は、過去の世代と一線を画して、次の時代の個人の生き方を提起した。

揺れ動く時代のなかで、一貫して近代日本社会のなかでの個人のあり方を見つめ、その矛盾と葛藤にこだわりつづけたのが夏目漱石であった。漱石は、「現代日本の開化」（一九一一）において、日本の近代化を批判する。それは基本的に、「西洋の開化（すなわち一般の開化）は内発的であって、日本の現代の開化は外発的である」（『漱石文明論集』岩波文庫、二六頁）というところに帰着する。日本は、「今まで内発的に展開して来たのが、急に自己本位の能力を失って外から無理押しに押されて否応なしにそのいう通りにしなければ立ち行かないという有様になった」（同、二六―二七頁）のである。漱石は、「私には名案も何もない」（同、三八頁）と斬って捨て、「ただ出来るだけ神経衰弱に罹らない程度において、内発的に変化して行くが好かろうというような体裁の好いことを言うより外に仕方ない」（同）と、シニカルに問題を投げ出す。

漱石の晩年の小説は、まさに「開化」によって近代化し、個人として生きていかなければならなくなった日本の都市社会民の不安と葛藤を執拗に追い詰めていく。

外発的な西洋近代を受け入れたとき、どのように個人がありうるのか。それはきわめて深刻な、日本の近代の根本にかかわる疑義である。さらに言えば、このことは日本だけでなく、すべての非西洋地域の共通の根本問題である。西洋近代は、一方で自然科学と技術の飛躍的な発展にともなう産業革命以後の強大な物質文明の進展があり、他方で万人の自由と平等に立つ人権概念の成立がある。その二つはセットとなり、非西洋地域に押し寄せる。一方で帝国主義化して暴力的に非西洋地域に襲いかかるとともに、他方では科学と人権はあらゆる地域で普遍妥当性をもつグローバルスタンダードとして理想化され、非西洋地域を中から変えざるを得ない目標となる。

明治期と同様、戦後日本もまた、その理想を受け入れようとした。戦後近代主義を代表する大塚久雄は、「民衆は自らの人格的尊厳を内面的に自覚するに至らなければならない。そして近代『以前』的な自然法の如きを外側から与えられずとも、自ら自律的に前向きの社会の秩序を維持し、もって公共の福祉を促進していきうるような『自由な民衆』とならねばならない」（大塚、一九六八、一五頁）と、ロビンソン・クルーソー的な「自律的」な個人の確立を目指した。

このような近代的人間の普遍性は今日成り立たないことは明らかであるが、それならばすべて普遍性は消えてしまうのか、「自律的」な個人は不要なのか。そうも言えないであろう。近代の問題は決して過ぎ去ったものではなく、今日なお我々にとって大きな課題を投げかけている。

フェミニズムと日本思想

近代は西洋のみに固有なのか、それとも非西洋地域にも自発的な近代がありえたのか、というしばしば発せられる問いは、じつはほとんど意味がない。なぜならば、非西洋地域がそれぞれ独自で発展したとしても、それはいま言う近代とはまったく異なったものであっただろうから、近代という同一呼称では呼びえないものであっただろう。それならば、西洋だけに近代があったのかというと、そうも言えない。非西洋地域は否応なくグローバル化した西洋近代を受け入れざるを得ず、そこに屈曲しながら西洋と異なる近代が形成されざるを得なかった。西洋近代が「内発的」近代とするならば、非西洋地域の近代は、「外発的」近代として、異なる類型の近代が生まれることになった。もっとも西洋の近代もまた、実態は理想化されたモデルとしての近代とは大きく異なっていて、人権の理想を掲げたフランスやアメリカにおいても、その理想が到達されていたわけではない。

自由・平等・人権という近代の理想を体現する「人間」は、自立し、理性的であり、正しく行動する個人である。それはすべての人に普遍的に当てはまるとされながら、実際にはそこに考えられている範型は、かなり特殊なものである。そこでイメージされているのは、西洋人（白人）の男性の大人である。カントが「啓蒙とは、人間が自分の未成年状態から抜け出ること」（『啓蒙とは何か』岩波文庫、七頁）というように、それが可能であるのは、未成年の状態を脱した大人であってはじめて可能である。子供の人権が言われるにしても、あくまでそれは付随的である。女性の参政権が認められるのは、欧米においても二〇世紀になってからのことであり、それまでは男性と同じ権利をもつとは考えられていなかった。また、非西洋人への蔑視は長く続いている。子供や女性や非西洋人が「人間」として認められるとしても、それは大人・男性・西洋人の理念に合致する限りにおいてであり、それから逸脱する要素は、「人間」としての本質を外れることになる。たとえば、理性に対する感情、個体の自立に対する他者への依存など、否定的にしかみられない。

しかし、これらの理念を体現する近代的人間概念そのものが本当に普遍性をもつのかどうか。近代的な人間観では、大人は子供より上位に立ち、子供は未完成の大人としてしかみられない。しかし、大人が子供より価値高いとはだれも言えないであろう。子供はしばしば老人とともに、神に近い存在と認められる。子供のほうが大人より優越的な面もあると考えなければならない。まして、女性や非西洋人が価値低いものとして差別の対象となるとしたら、とんでもないことであろう。

こうした異議の申し立ては、とりわけ女性たちから上がった。フェミニズムの運動は、単に女性の権利を主張するだけでなく、女性と結び付けられて否定され、隠蔽されてきた価値観や倫理観を浮かび上がらせ、既存の価値観に疑問を突きつけた。そのなかから生まれ、キャロル・ギリガンによって提唱され、ネル・ノディングスらによって展開されたケアの倫理は、従来当たり前に考えられてきた正義の倫理に対抗するものであった。後者が自立的な人間を基礎とするのに対して、前者は他者との関係性に基づき、また、理性より感性や感情を重視する（川本、一九九五）。

この問題は、男性に対する女性の復権というだけでなく、西洋優位の従来の哲学に対して、非西洋の思想の再評価ともからんでくる（以下、末木、二〇一二c参照）。日本哲学の研究者トマス・カスリスは、長年の研究に基づき、日本人に広く見られる思考法は、西洋近代の思考法と異なっているという観点から、思考法の類型として、自己統合性（integrity）と他者親密性（intimacy）という二つを提示する。カスリスは、自己統合性の特徴として、以下のような点を挙げる（Kasulis, 2002, p.25）。

1、公共的検証可能性としての客観性。

2、内的な関係よりも外的な関係。

3、知識は理想的には感情を除外。
4、身体的なるものと区別された知的、心理的なるもの。
5、自己自身に根拠を持つ反省的、自己意識的なる知識。

それに対して、他者親密性の特徴として以下の点を挙げる（ibid., p.24）。

1、親密性は、客観的ではあるが、公共的であるよりは私的である。
2、親密な関係では、自己と他者は両者をはっきりと分けないようなやり方で相互従属的である。
3、親密な知識は感情的な次元を持っている。
4、親密性は心理的であるよりは、身体的である。
5、親密性の根拠は、一般に自己意識的、反省的、自己啓蒙的ではない。

自己統合性が独立した個人の個体性を基盤とするのに対して、他者親密性は他者との親密な関係に基盤が置かれる。西欧の文化では自己統合性が強調されるのに対して、日本では他者親密性が強調される。しかし、西洋でも男性が自己統合性を重視するのに対して、女性は伝統的に他者親密性を重視するし、中世は他者親密的であったのが、近代になると自己統合的になってくる。

カスリスの言う自己統合性と他者親密性が、それぞれ正義の倫理とケアの倫理に近いものがあることは明らかである。実際、最近、エリン・マッカーシーは、異なる領域から出てきたこの二種類の範疇を結びつけ、従来の正義の倫理＝自己統合的倫理に対抗するケアの倫理＝他者親密的倫理を、「間柄」を重視する和辻哲郎の倫理学と関連づけながら新しい倫理を構築しようとしている（McCarthy, 2010）。マッカーシーは、日本哲学とフェミニズム哲学を結合するところに、新しい哲学・倫理学が成立するという。その際、マッカーシーが重視するのは身体性である。これについては、次節でもう少し検討してみたい。

もちろん単純に、西洋近代は自己統合的で、日本人の発想は他者親密的だというように、固定的に文化類型を規定するのは不適当である。ただ、従来、唯一普遍的な価値をもつと考えられてきた、自立的個人を基礎とする人間観が、決して唯一の正しい人間観ではなく、それと正反対の人間観も成り立つことが認められ、それに基づく倫理が提唱されるようになってきたことの意義は非常に大きい。近代西洋的人間観を前提とせず、もういちど過去の思想のなかの人間観を新しい目で読み直していくことが可能となりつつある。固定的な本質規定をともなう「人間」ではなく、流動的で多様であり、他者とかかわり、自然とかかわり、あるいは自然や人間を超えたものともかかわっていくような人間観は可能であろうか。それは具体的にどのような人間観になるのであろうか。西洋中心的な人間観に捉われない新しい人間観を求めての探求がここにはじまる。

日本・東洋の身体論の復権

近代的人間観においては、身体論は必ずしも中心のテーマではなかった。身体は合理的科学である医学によって解明される対象となり、哲学的思弁や宗教・呪術によって左右されるものではなくなった。デカルトに出発する近代の心身二元論の浸透は、身体を科学の領域に明け渡し、人間の人間たる尊厳を心（精神）的要素に求める。その心は、合理的認知作用を主とし、その判断に基づいて正しい行動が可能と考えられる。身体はそのための道具である。

身体論が改めて注目されてきたのは、このような近代的な人間観に疑問を持たれるようになったことによる。現象学の立場からのメルロー＝ポンティの研究などが先蹤《せんしょう》となるが、とりわけ、フェミニズムをとおして男性優位が崩れ、女性の視点が導入されるようになったことは大きな意味をもつ。妊娠・出産をとおして、女性は否応なく身体と向かい合わなければならない。それは、自然科学的な医学の枠に収まらない、女性の生き方の問題に直接かかわる。それとあわせて、近代以後否定的にしかみられなかった非西洋世界の身体論が改めて取り上げられるようになった。そこでは、身体は人を個体に閉じ込める束縛ではなく、個体の個体性さえも解消させ、より広い世界に開放する契機ともなる。

前述のエリン・マッカーシーは、日本／東洋の発想をフェミニズム哲学と結びつける接点として、身体論の視点を導入する。その書名が『身体化された倫理――大陸哲学、日本哲学、フェミニズム哲学を通して自己を再考する』（*Ethics Embodied: Rethinking Selfhood through Continental, Japanese, and Feminist Philosophy*）とあるように、身体論を正面に据えることで、日本哲学とフェミニズム哲学が結びつき、従来の男性優位かつ西洋優位の哲学が乗りこえられる。西洋哲学の伝統が、身体に対する精神的要素の優越の伝統をもつのに対して、フェミニズムやケアの哲学は身体の復権を要求する。

それでは、日本の哲学はどうか。マッカーシーは、日本の哲学では身体と精神（心）を分けることなく、「身心」（bodymind）として一体化する（McCarthy, 2010, p.37）ことに注目する。ただし、彼女が日本哲学のなかでもとくに重視する和辻の倫理学では、必ずしも身体性は中核的な概念ではないようにみえる。そこで、マッカーシーはその欠如を湯浅泰雄の身体論をもって補っている。湯浅の著書『身体論』（湯浅、一九九〇）は、英語版（Yuasa, 1987）によって広く西洋圏で読まれ、日本的／東洋的な身体論の紹介として高い評価を受けている。それゆえ、ここでは湯浅の『身体論』を検討することが必要になる。

湯浅の『身体論』は三章からなる。第一章「近代日本哲学の身体論」で、和辻と西田幾多郎の身体論を取り上げる。第二章「修行と身体」は、本書の中心ともいえるところで、修行という観点から、芸道論・道元・空海らの身体論を取り上げる。最後に第三章「東洋的心身論の現代的意義」で、ベルグソンやメルロー＝ポンティの身体論、さらには心身医学・心理療法と比較しながら、東洋／日本の心身論の特徴を明らかにする。

和辻については、その著『倫理学』において、「間柄」が「肉体的連関」として捉えられていること、とくに「人倫的組織の最小単位である二人共同体が夫婦の『肉体的連関』に求められている」（湯浅、一九九〇、四六頁）ことを指摘する。しかし、湯浅は、「一歩進んで、では心身関係を積極的にどのように規定すべきかと問うてみても、彼（和辻——引用者注）は何も答えてくれない」（同、四七頁）と、和辻の限界を指摘している。

湯浅は和辻よりも西田を高く評価する。西田は、「自己が日常的自己から場所的自己へと変貌する」（同、八三頁）ことを説いている。この二つの次元を分けることは、西田が明示的に説いているわけではないが、湯浅は本書の身体論のもっとも根底的な範疇として用いている。湯浅は、この「日常的経験の次元」を「明るいコギトの層」、「場所的経験の次元」をその「底層にかくれたくらいコギトの層」とも呼んでいる（同、七六頁）。この「明るい」「くらい」ということも、湯浅の重要なキーワードとなる。そこには、ユング派の精神分析を学び、表層的な意識の底に、「かくれたくらい」無意識の次元に深まっていくことを学んでいたことが影響していよう。

湯浅によれば、この二つの次元を分けたところに西田の優れたところがあるが、「西田は、われわれはいかにして日常的経験の次元から場所的経験の次元へ移行することができるのかという問題を、問題として自覚的に提出していない」（同、九〇頁）点に限界があるという。それを自覚的に行なうのが、身体的な修行だというのである。身体的な修行という観点から、道元を取り上げるのは当然考えられることであるが、湯浅は道元に関しても、「明るい意識に支配された世界内存在の日常的次元を去って、その根底に向って身心を脱落せよと命ずるのである」（同、一六一頁）というように、「明るい意識」の「日常的次元」から、その底の暗い無意識的な次元に深まるところにその核心をみている。

身心的な修行として禅を取り上げるのは、ある意味で常識的であるが、それと同時に空海の密教に着目し、そこにエロスの問題を読み取っている点は、重要である。「真の自己を知るには、性の結合によって存在するに至った自己の身体の底に向って、そのみえざる暗黒を探ってゆかねばならない」（同、一八〇頁）という指摘は、重要である。本書は、密教、とりわけそのなかの性的要素の重要性を指摘した点で、先駆的な仕事ということができる。もちろん、今日からみれば、道元や空海だけ取り上げて、日本的あるいは東洋的な身体論の代表としてしまうことは資料的に不十分であるし、そもそも仏教を取り上げるだけでは狭すぎるが、それは時代に先駆けた仕事の限界として、やむを得ないことであろう。

湯浅の身体論の思想的な問題点としては、せっかく日本／東洋の身体論について重要な分析をしていながら、最終的にユング的な精神分析に戻ってしまうために、その分析が中途半端に終わったことが指摘される。湯浅のいう「くらい」無意識の次元の開拓はきわめて重要であるが、それはユング的な「集合的無意識」として実体化されるような性質のものではない。もちろん「集合的無意識」と呼ばれるものは、必ずしも明確に定義できない曖昧な要素を含んでいるから、そのようなものをすべて引っくるめて総称したとすれば、一概に否定もできないが、その場合でも、意識の側が深められるだけでなく、同時に世界の側にもかかわるから、深層心理や超心理学のような、心理学の面だけで済まない問題になるはずである。

そのような「くらい」次元の開発は、おのずから身心の限界を超え、時間や空間の限定をも超えていくことになるであろう。たとえば、湯浅も多少示唆しているように、死後の問題や死者の問題への発展ということも考えられなければならない。

もうひとつの問題は、表層的な「明るい」次元を「日常的次元」として、修行によって深められる「くらい」次元を、それとは別の世界のように二元化してしまう危険である。深く暗い次元は、決して日常的次元を離れたものではない。我々の日常においても、実際には決して表層次元の意識だけに限定されて生活しているわけではない。たとえば、我々はつねに合理的な判断が下せるわけではなく、「くらい」情動に動かされることがしばしばであろう。

日常性はそのような面も含んでいるのであり、むしろ日常性自体が明るい合理的な世界と暗い非合理の世界の重層によって成り立っている。修行は決して日常とかけ離れた特殊な次元へ連れていってしまうことではなく、日常性のもつこの重層性を自覚的に明るみに出し、見えにくい非合理的な暗い次元を顕わにしていくことにほかならない。

その重層性は、日本の思想史のなかで「顕」と「冥」として捉えられてきたものであり、私たちは「顕」の明るい世界だけでなく、「冥」の暗い領域をも同時に生きているのである。

仏教における身体論

仏教における身心論の展開

私たちは、西洋哲学的な前提によって、ともすれば身体と心を二つの要素として、それによって個人が形づくられているかのように考えがちである。それに対して、「身心一如」として一体的に捉えられるべきだという言い方がなされるが、それでもなお十分とはいえない。そもそも身体と心とは必ずしも対になる言葉ではない。たしかに「身心」という言葉を検索すると、仏典のなかに非常に多く使われており、ごくふつうの言葉であることが知られるが、意外にもはっきりした原語が確定できない。「身心」で個体を意味する場合もあるが、それほどきちんとした術語として用いられているわけではない。

むしろ身体と心を表わす術語としては、「色《しき》」（rūpa）と「心」（citta）というほうがよく使われるであろう。「色」は、身体を含めて、物質的な要素を意味する。五蘊《ごうん》でいうと、色受想行識のうち、「色」が色法、あとの四つが心法に当たる。十二処でいえば、色声香味触の五種の感覚対象（境）と、それを認識する眼耳鼻舌身の五種の認識器官（根）が物質的な色法であり、非物質的な対象である「法」と、それを認識する「意」が心法になる。さらに、それらの認識対象と認識器官が接触したところで、それを認識する活動が「識」と呼ばれ、これに眼識・耳識・鼻識・舌識・身識・意識の六識があるとされ、これらももちろん心法である。

仏教における修行は当然身心の両方にわたり、身体の統御ができなければ心も統御できない。しかし、理論的には心の統御のほうが中心とされる。『ダンマ・パダ』（真理の言葉）が、「ものごとは心にもとづき、心を主とし、心によってつくり出される」（中村、一九七八、一〇頁）という言葉ではじまっているように、心が中心的問題と考えられた。それゆえ、アビダルマでも心の分析が詳細をきわめ、さらに唯識説や如来蔵説へと展開してゆく。「三界唯一心」という華厳の三界唯心思想は、中国においては、心から世界が展開していくヘーゲル的な観念論的世界論にまで発展する。

それに対して、身体への関心は、死体が腐って白骨化していく様子を観照する不浄観などに典型的に見られるが、だからといって単純に身体が否定的にのみ見られたというわけではない。坐禅における調息《ちょうそく》に見られるように、身体の統御と心の統御は一体のものであり、そこに区別はつけられない。たとえば、天台智顗《ちぎ》の『摩訶止観《まかしかん》』は観心を説き、心に空・仮・中の三つの真理を観想する一心三観などの観法が中心となるが、修行の過程で病気になった場合には、その病気となった身体を観想の対象として、医学的な療法を生かしながら病気の治癒を目指すべきことが述べられている。

日本密教の身体論

「心」は、その機能的な面からみられると同時に、具体的な心臓という身体器官そのものでもある。身心関係は脳でつながるのではなく、心臓という身体的場において心の活動が認められることになる。

密教の即身成仏論は、このような身体優位の発想のなかで展開する。空海の即身成仏思想については、ここでは深くは立ち入らないが、基本的には六大（地水火風空の五大に識大を加えたもの）を世界の構成原理とみ、それが同時に仏と行者に貫通しているとみることで、世界＝仏＝我の一体性を根本に置く。それは曼荼羅として表現され、三密（身口意の秘密のはたらき）の実践によって具体的にその一体性が体得されるというのである。

ちなみに、天台の即身成仏論は、『法華経』に説く龍女の成仏をモデルとして展開されるが、その際、龍女の変成男子の問題が大きく取り上げられることになる（末木、一九九五）。別の意味での身体論の問題である。

空海の即身成仏思想は、その後の日本の密教の根本的立場として維持されるが、身体の修行法が具体的に考察され、理論化されるようになるのは、平安中期以後である。源信は『往生要集』において死と往生の問題をはじめて正面から扱ったが、それは抽象論ではなかった。二十五三昧《にじゆうござんまい》会《え》を結成して仲間の臨終を看取るという活動をとおして、実際に臨終を儀式化するとともに、遺体の処理まで含めて、きわめて具体的に身体とかかわることになった。このころから、仏教のなかで具体的な身体への関心が強くなる。

奝然《ちようねん》は入宋して「生身《しようじん》の釈迦像」を伝えたといわれる。この釈迦像は京都の嵯峨の清凉寺《せいりようじ》に安置されて、広く道俗の信仰を集める。この釈迦像が「生身」といわれるのは、優塡王《うでんのう》の願いで釈迦の生き姿をそのまま彫像にしたという言い伝えにもあるが、それだけでなく、胎内に布製の五臓が納められていた。それによって、この像はまさしく身体性を獲得することになる。

このような身体性への関心は、真言宗の覚鑁《かくばん》（一〇九五―一一四四）の主著『五輪九字明秘密釈《ごりんくじみようひみつしやく》』において集大成される（田中、一九八八）。五輪とは、空海の説いた六大のうち、識大をのぞいた五大のことであるが、それが円満具足しているさまを五輪と呼ぶ。心的要素である識大が入らないことで、物質的要素が問題とされていることが明白となる。

その五輪がさまざまな範疇と対応づけられる。それらの具体的な対応については、善無畏《ぜんむい》伝と不空伝で異なるとされるが、善無畏伝によると、別表のような対応関係をもつという。それによると、すなわち、地・水・火・風・空の五輪はそれぞれ、方形・円形・三角・半月・団形で表わされ、それを下方から積み上げると五輪塔になる。そのそれぞれに、梵字（種子）・五臓・五根・八識・五智・胎蔵界五仏・金剛界五仏・五転・方角・五行・季節・色などが配当される。

このような対応は、中国の五行説の影響を大幅に受けたものであるが、五輪は世界をつくる要素であるとともに、人の身体とも対応し、それがそのまま仏の世界をも表わしている。すなわち、

五輪配当表　（大正蔵79、13中・下に基づく）

五字	五大	五輪	五臓・五根	八識	五智	五仏	五転	五方	五行	四季	五色
𑖀《ア》	地	方形	肝・主レ眼	阿頼耶識	大円鏡智	宝幢・阿閦・薬師	発菩提心	東	木	春	青
𑖪《バ》	水	円形	肺・主レ鼻	意識	妙観察智・転生輪智	無量寿	証菩提果	西	金	秋	白
𑖨《ラ》	火	三角	心・主レ舌	末那識	平等性智	華開敷・宝生・多宝	行菩提行	南	火	夏	赤
𑖮《カ》	風	半月	腎・主レ耳	五識	成所作智	不空成就・釈迦・天鼓音	入涅槃理	北	水	冬	黒
𑖏《キャ》	空	宝珠	脾・主レ口	奄摩羅識	法界体性智	毘盧遮那	具足方便	中央	土	土用	黄

五輪を媒介として、世界＝仏＝人（我）という同一化が成り立つことになる。みずからの身体の五臓＝五輪を観ずることは、みずからの身体を世界＝仏と一体視することにほかならない。そこに即身成仏が実現する。空海においては、即身成仏の原理となる理論は提示されたが、それが具体的にどのように実現されるかという、その方法は必ずしも明らかでなかった。覚鑁はそれを、みずからのうちなる五臓を観想するという方法で実現することを示したのである。

五輪説でもうひとつ重要なことは、五輪は五輪塔として外界に建立されるという点である。五輪塔は、中国では遺構が確認されておらず、日本で独自に発展したもののようであるが、院政期にしだいに普及してきており、それ自体は覚鑁の創造ではない。覚鑁はそれを理論的に基礎づけたということができる。そもそも塔（stūpa）は仏の遺骨（舎利）を納める場であり、それ自体が仏と同一視される聖性をもつ。五輪塔は、それが同時に世界の根本要素につながることから、

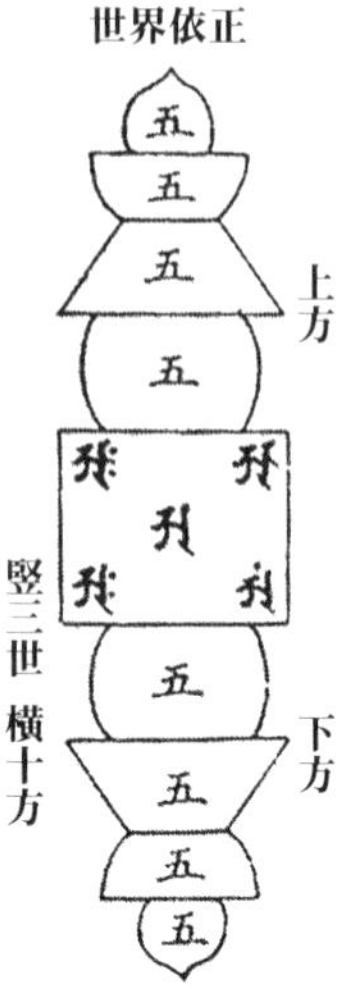

世界の根源であり、世界が集約する場とみなされることになる。さらに、その五輪塔は、仏の舎利を安置する場から転じて、仏だけでなく、一般に死者の墓標へと発展することにより、広く普及するようになる。それはのちにはより簡

五輪塔図

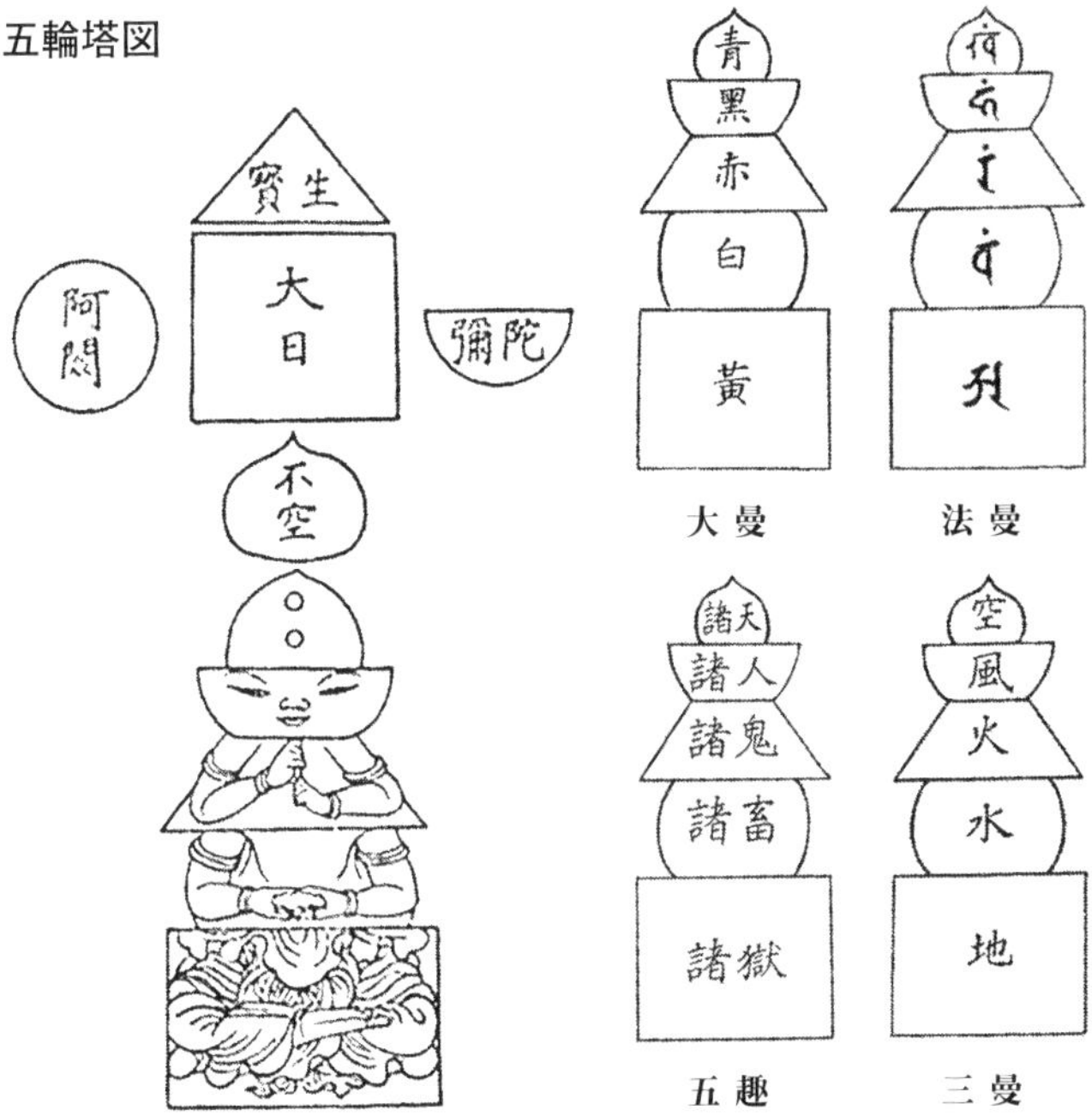

覚鑁『五輪九字明秘密釈』に収められた図。五輪塔がさまざまな要素を含むことを表わす（大正蔵79、12下－13上に基づく）。

略化されて、板卒都婆として今日までいたるところで用いられている。

そうなると、ここに死者＝仏という公式が成り立つことになる。即身成仏の原理を考えれば、我＝仏が死後に移され、死者＝仏となることに、それほど不思議はない。これは、日本で仏教が葬儀や墓とかかわっていく根底の原理を提供することになる。五輪塔は、そこに世界＝仏＝我＝死者がすべて凝縮される場、世界の中心となるのである。覚鑁によれば、五輪は上方世界から下方世界まで貫通し、また地獄から諸天までの五道（六道）がすべてそこに含まれている。また、羯磨曼荼羅《かつままんだら》の図は、仏の瞑想の姿であるが、同時に行者の瞑想がそのまま五輪として表わされることを示している。

中世には、覚鑁の流れを受けて、五臓を世界＝仏の曼荼羅として観想する五臓曼荼羅が広く行なわれた。その際注目されるのは、個としての身体を観想するだけでなく、そこに男女の性的合一から母胎内で胎児が成長する胎内五位説が結びつけられてくることである（阿部・米田・伊藤、二〇一一）。中世に男女の性的合一を重視する密教の流れがあることは知られていたが、かつては立川流と呼ばれて異端視され、いかがわしい邪流のようにみられていた。しかし、近年の研究により、決してそれが異端とはいえず、かなり広くみられることが分かってきた。たとえば、禅の将来者として知られる栄西は、『隠語集』という著作において、金剛界と胎蔵界の両部の合一を男女の合一によって説明している（末木、二〇〇六）。

男女の性的合一は、そこに妊娠・出産という結果を生ずる。それは子孫繁栄につながる重要な営みである。もともと胎内五位説は、『倶舎論』などに説かれるもので、輪廻説と結びついている。人は死後四九日の間、中有の状態に留まるが、これは微細の五蘊からなり、男女の性交をみて顚倒した心を起し、それがもとで母胎に宿るという。

母胎で成長する過程を五段階に分け、それが胎内五位といわれる。そのように、もともとは愛欲により苦しみの世界に輪廻する過程を説いたものであるが、日本中世の胎内五位説はそれを逆転する。すなわち、胎内のこの五段階を、発心・修行・菩提・涅槃・方便究竟の五段階の修行の成就（五転）、あるいは、通達菩提心・修菩提心・成菩提心・証菩提心・仏身円満の即身成仏を達成する五段階（五相）とみるのである。胎児は母の胎内で修行を進め、まさしく母胎を出るときは仏として生まれるのである。「母ノ胎内ニシテ五智円満ノ仏ト成テ」、しかも「下化衆生願ノ為ニ、母ノ胎内（を）出（て）、随縁利生ノ用ヲ施ス也」（仁和寺蔵『五智蔵秘抄』、阿部・米田・伊藤、二〇一一、三二頁）といわれるのである。

このように、中世の密教では、もともとの仏教で否定的にみられた性交から妊娠・出産を肯定的に理論づけるという大転換を行なっている。先にみたフェミニズムやケア論の立場からの哲学の転換と考え合わせて、注目されるところである。

近世の身体論

近世の身体論の展開

中世は、そこに陰陽五行説など、さまざまな要素が流れ込んだとしても、基本的には仏教の世界観・人間観で包括されていた。それに対して、近世には仏教・儒教・神道・国学などのさまざまな思想が複合的に行なわれ、複雑な様相を呈するようになる。それに加えて、思想の世俗化・現世化が進むことが注目される。異世界や来世への関心がなくなるわけではないが、少なくともそれよりも現世中心的な倫理のほうが優越して考えられるようになる。

中国では、身体論は、もともと政治倫理的な色彩の強い儒教よりも、道家系の思想において形成され、神仙思想や道教において展開した。神仙・道教においては、医学理論と結びつきながら、長寿・永生をめざす養生法が発展した（坂出、一九八八、一九九三）。

のちに宋代の朱熹《しゅき》（朱子）にいたると、儒教のなかに、一方で宇宙論的な世界観、他方で身体論的な人間観を取り入れ、それによって政治倫理を基礎づける総合的理論を構築することになった（三浦、一九九七）。周敦頤《しゅうとんい》（濂渓《れんけい》）によって考案された『太極図説』では、朱子学の原型となる宇宙論・人間論の統合をもっとも簡略に説いている。そこでは無極＝太極から陰陽の二気が生じ、そこから五行へと展開し、万物が生成するとされる。陰陽は『易』に由来する原理で、それぞれ女性的原理と男性的原理に当たるが、その展開に当たって、具体的に「乾道、男と成る」「坤道、女と成る」といわれるように、男女の二原理が重視されていることは注目される。

日本の儒教では、倫理的な教説が重視されたために、必ずしも宇宙論にまで広がる壮大な体系は築かれなかったが、「愛」を根本原理に据えた伊藤仁斎のように、人間論の展開には注目されるものがある。

そのなかで、養生思想の展開としては、貝原益軒《かいばらえきけん》（一六三〇―一七一四）の名がまず挙げられるであろう。儒学のみならず医学・本草学などに幅広い学識を有した益軒は、みずからも長寿を保ち、八四歳のときに『養生訓』を著わした。本書は、「天地父母のめぐみをうけて生れ、又養はれたるわが身なれば、わが私の物にあらず」（『養生訓・和俗童子訓』岩波文庫、二四頁）という観点から、「身を慎み生を養ふは、是人間第一のおもくすべき事の至也」（同、二五頁）と、養生が倫理的な義務であることを主張する。

その基本的な方法は、「先わが身をそこなふ物を去べし。身をそこなふ物は、内慾と外邪となり」（同）と要約される。内慾とは、「飲食の慾、好色の慾、睡の慾」（同、三頁）などであり、外邪は、風・寒・暑・湿であり、これらを避けることが養生の核心とされる。益軒は、飲食から用便・入浴、病気の際の医者の選び方、投薬、老人の介護などまで、詳細に養生の方法を述べている。もはやここでは、不死を求める道教の神秘的な長生術ではなく、きわめて日常的、現世的な健康術であり、元気で長生きをするという現代の志向と変わらない。ここでは密教や朱子学が展開したように、宇宙論と結びつくような壮大な身体論は放棄され、いわば長生きの技法としてそれだけ切り離される。

養生は仏教の側からも提示される。もともと仏教は生を超越することを目指すのであるから、長生不死を求める道教的な養生とは逆の方向に向かうものである。しかし、中国化するなかで、養生術が取り入れられていく。日本では、栄西の『喫茶養生記』が、茶による養生を説き、もっとも早い養生の書であろうが、その後、養生を正面から説くものはなかった。

それが、近世になると、白隠（一六八六―一七六九）の『夜船閑話《やせんかんわ》』が出て好評を博し、広く読まれることとなった。白隠は若い頃ひたすら坐禅に励んでいるうちに、一種の心身症的な症状に陥った。そこで、京都の白川山中に白幽仙人を尋ね、教えを請うた。仙人の教えの核心は、軟《なん》酥《そ》（牛乳を凝縮させた軟らかいバター状のもの）を用いた内観法である。これは、軟酥が身体の上部から次第に下部に行き渡り、身体を温めていくのを思い描くという、一種のイメージトレー

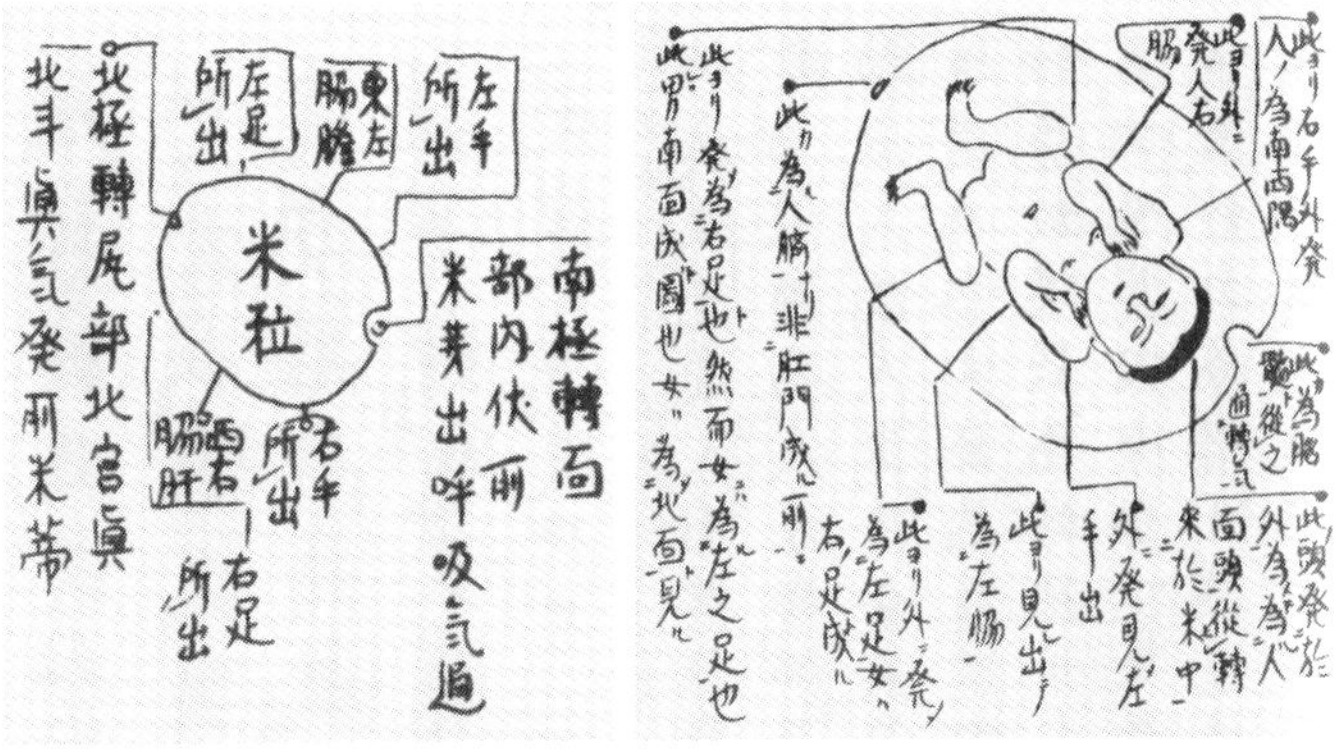

米粒の中の胎児　安藤昌益『統道真伝』人倫巻に出る。米こそ人を生む根源であり、母胎中のように、米粒の中に胎児がいるという。『安藤昌益全集』10所収。

ニングである。白隠は『荘子』をはじめ、中国の医書や道教系の養生書を引いている。内観という点では仏教的な観想と変わらず、白隠は天台の『摩訶止観』にも言及している。しかし、白隠はこの養生法を坐禅とは別のものとして説き、仏教のなかに組み込むことを拒否している。ここでも、身体論は総合的な体系から切り離されている。

　これらの養生書が身体技法を中心として、必ずしも大きな思想的展開を示していないのに対して、思想面で新たな身体論へと挑んだのが安藤昌益《あんどうしょうえき》（一七〇三―六二）であった。昌益の人間論は、『統道真伝』の人倫巻にまとめられている。ここではまず、「自然の進退する一気、之れを道と曰う」（岩波文庫上、一四一頁）として、「一気」の運動によって世界の現象をすべて説明しようとする。それが「自然」といわれる。

このような気＝自然の運動から「転定《てんち》」（「天地」に対する昌益独自の用語）や穀物が生ずる。東北の飢饉を目の当たりにしてきた昌益にとって、穀物はほかの何ものにも代えがたい、人間を生む根源である。穀物のなかでももっとも優れたものは米であり、米粒の中から人が生まれる。「五行自然《ひとりして》転定を尽して五穀と成り五穀より人と成る」（同、一五二頁）のである。

それでは、人とは何か。昌益は宇宙観に関しては地球説を採る。地球は転定（天地）の中央（央土）であり、その周囲を天体が廻るという天動説である。昌益によれば、身体はまさしくこの宇宙の構造を逆転した形になっているという。すなわち頭が南で、下半身が北になる。こうして身体は宇宙（転定）と上下逆転した同一構造を持ち、同じ自然の気によって動くことが知られる。「転定と人身と一気」（同、一五九頁）である。その気の流通が断たれることが死であるが、死とは無になることではなく、「五穀に帰在する」（同）ことである。

「気」は中国思想においてもっとも根本の概念であり、道教はもちろん、朱子においても根幹に置かれるべきものとされている。宇宙を満たし、絶えず運動している一種のエネルギーと考えられる。仏教における人間＝世界（＝仏）が六大（または五大）をとおして密教的な一体化の原則によるのに対して、中国的な人間＝世界の一体性は気の貫通によって説明される。そこには、仏という超越的要素が入ってこない。その点で、近世の現世化の動向と合致するが、それは西洋近代的な機械論的自然観ではなく、エネルギー論的な流動性を重視するところに特徴がある。昌益は、仏教はもちろん、中国の儒教をはじめとする教説をきびしく批判したが、根底的には中国的な気の一元論に立っているということができる。

昌益はそれだけでなく、養生術のように、身体の問題を技法に還元することを拒否し、宇宙と人間を貫通する哲学の確立を目指す。この点に関し、昌益は当時勢力を持ちつつあった古医方を『自然真営道』大序できびしく批判している。古医方は、「実証的な『親試実験』の方法をかかげるが、病理の追求を身体のみに限定し、自然と倫理、すなわち『道』から切り離すことによって、昌益の批判の対象となる」（安永、一九六六、五〇頁）のである。

昌益に関してもうひとつ取り上げるべきことは、夫婦の交合から出産にいたる過程を重視していることである。「穀の精神自《ひと》り見《あら》われ、男女と生《な》り、終に感合して子を生む」（『統道真伝』岩波文庫上、二〇八頁）のである。それゆえ、「男を去りて女無く、女を去りて男無く、男女を去りて転定無し」（同、一七九頁）といわれる。これは、益軒の養生術が男性の立場から色欲を慎むことを記し、また『和俗童子訓』で女子教育を説きながら、男性優位の立場で一貫しているのと対照的である。ちなみに、『和俗童子訓』は、悪名高い『女大学』のもととなっている。

以上をまとめるならば、近世の身体論は、一方では、世界論と一貫する哲学であることをやめて、養生法として身体技法化する傾向がみられる。これは、古医方から蘭法医学につながる科学としての医学の独立とも関係している。それはまた、荻生徂徠《おぎゅうそらい》にみられるように、政治を総合的な宇宙論や人間論から切り離し、技法化する動向とも関係していよう。それに対して、もういちど新しい形で、世界論と一貫する形で身体論を哲学として再構築しようとしたのが安藤昌益であった。

死者をめぐって

先にも述べたように、近世のひとつの特徴は現世主義化であり、昌益の場合も、気＝自然を超えるものは認められなかった。死は穀に帰ることであり、どこか別の次元に移ることではない。このように、死後の世界への疑問が提示されるのは近世の特徴であり、その議論は「鬼神論」と呼ばれる（子安、二〇〇二）。もともと儒教では、一方では理論的に死後の霊魂を否定しながら、他方で祖先祭祀を重視するという矛盾を抱え、朱子でも鬼神論は大きな課題であった。

それを受けて、近世日本でも鬼神論が問題にされる。典型的なものは新井白石の『鬼神論』で、白石は「人ノ生ト死ルトハ陰陽二ツノ気ノ集ルト散ルトノ二ツニシテ、集レバ人ト成、散テハ又鬼神トナル」（『新井白石全集』七、四頁）とみる。しかし、それでは「彼人モ此人モ共ニ一気ノ生ゼル所」(同)であるから、鬼神の個別的な相違がなくなり、祖先祭祀が成り立たなくなる。それに対して白石は、「人貴ケレバ其勢大ニシテ其魂強ク、富ヌレバ其養厚クテ其魄強ク」(同、五頁)なるという。つまり、富貴で位の高い死者ほど強い力をもつことになり、それに対して非業の死者はさまざまな怪事をなすこともありうる。このように、祖先祭祀という面を重視するので、仏教的な個人の霊魂の輪廻は否定される。

こうして白石の論では、一方では合理的な気の一元論を押しとおそうとしながら、他方で祖先祭祀という面から死後の霊の実在を認めるという、儒教に内在する矛盾が露呈する結果となった。それに対して、もっともラディカルな無神論・無霊魂説を徹底させたのは山片蟠桃《やまがたばんとう》(一七四八—一八二一)であった。蟠桃は大坂の豪商升屋の番頭として腕をふるう一方、懐徳堂《かいとくどう》出身の町人学者として貪欲に新しい科学や経済を学び、唯物論の立場に立脚して、仏教や古代神話を批判した。『夢ノ代《ゆめのしろ》』はその思想の集大成である。

その無鬼篇上・下は、「必シモ鬼神アリトシテ泥《なず》ムベカラザルモノナリ」(日本思想大系『富永仲基・山片蟠桃』、五一四頁)と、鬼神を否定している。たとえば、「日輪ニ耳目・口鼻・心志ナケレバ、視聴・言動・思慮・工夫アルコトナシ」(同)であるのと同様、「死スルノ後ハ、血脈ナク、疼痛・寒暖・飢渇・愛悪アルコトナケレバ」(同)、それを祀っても霊験があるはずはない、というのである。徹底した合理主義、現世主義ということができる。

それではこのような合理主義、現世主義が受け入れられ、進展するかというと、そういうわけでもない。平田篤胤《ひらたあつたね》（一七七六―一八四三）は『鬼神新論』を著わして、儒家の鬼神への疑念を批判し、改めて鬼神実在論を立てる。「抑《そもそも》鬼神の事、世の唯人は有がまにく、疑ふ事も非ざるを、漢籍読みて、なま漢意つける人は、神の現に見え給はねば、無き物として思ふめり」（岩波文庫本、三頁）と、もともと疑うべきものでもないのに、漢籍を読んだ知識人がさかしらに否定しているのだとして批判している。

このように、神的存在や死後の霊魂の存在についても、近世の説は必ずしも一概にいえない多様性をもっている。それは決して合理主義の方向に一方向的に進むのではなく、むしろ篤胤の有鬼説のほうが幕末へかけて広く受け入れられていく。篤胤はこのような死生観をもとにして、『霊能真柱《たまのみはしら》』などで世界観の再構築を試みている。それは、中世の仏教的世界観に戻るのではなく、それがいったん解体したあと、いわば脱構築後の再構築ともいうべきものと考えられよう。篤胤的な霊魂論は、近代になると、表面の近代主義の陰に隠れながら、柳田国男・折口信夫らの日本民俗学の流れに受け継がれていくのである。

第六章

文化：儀礼と創造

儀礼と創造

美術品としての仏像

はじめてパリを訪れたのは、一九九七年のことだった。おのぼりさん気分でやってきたルーブル美術館で、まったく思いもかけず法隆寺の百済観音と再会することになった。明るい光線の注ぐ室内で、ガラスケースに収められてぽつんと立った痩身の像は、いかにも場違いで、頼りなさそうだった。それでいながら、あるいはそれゆえにこそ、お寺にあるときとまったく違う、ふるいつきたくなるような不思議な魅力で、しばらくその前を離れることができなかった。デュシャンの「泉」の衝撃や、「解剖台の上で、ミシンと雨傘が出会う」という詩句がまざまざと思い合わされた。

それとまったく逆の経験をしたこともある。京都に移り住んでしばらくして、青蓮院《しょうれんいん》で青不動尊の特別公開を拝観した。それ以前に国立博物館に展覧されたときに参観していたことがあり、だいたいのイメージはもっているつもりだった。薄暗い室内にかけられた画像は、細部も十分に見わけがたかったが、驚いたことに、その分、周囲に描かれた火焔が本当に揺らめきながら燃えたつようで、圧倒された。さすがに近くで火を焚くことはできず、室外で門主が護摩《ごま》を焚かれたが、もしそのすぐ前で護摩を焚いていたならば、その炎と煙の中で、不動がどれほど凄みをもって立ち現われたかと思うと、恐ろしいほどであった。

仏像が美術品として博物館に並べられることに、私たちはすっかり慣れてしまい、それが当たり前になっている。光線が当てられて細部まで観察でき、時には背面まで見ることができる。それが仏像の鑑賞なのだと信じられている。だが、もちろんそのようなことは、近世まではなかったことだ。仏像は本堂に安置され、礼拝され、その前で読経や祈祷が行なわれる対象であって、鑑賞の対象ではなかった。

仏像が美術品とされ、美術史の対象となったのには、お雇い外人教師アーネスト・フェノロサとその弟子岡倉天心の力が大きかった。彼らによってはじめて「美術史」という分野が日本に確立された。その象徴的出来事とされるのが、法隆寺夢殿の秘仏救世《くせ》観音《かんのん》の調査であった。天心は、そのときの感激をこう書いている。

余は明治十七年頃、フェノロサおよび加納鉄斎と共に、寺僧に面してその開扉を請ふた。寺僧の曰く、これを開ければ必ず雷鳴があらう。明治初年、……一度これを開いた所、忽ちにして一天掻き曇り、雷鳴が轟いたので、衆は大いに怖れ、事半ばにして罷めたと。……雷のことは我等が引き受けようと言つて、堂扉を開き始めたので、寺僧はみな怖れて逃げ去つた。開けば即ち千年の欝気紛々と鼻を撲ち、殆ど堪えることも出来ぬ。……白紙の影に端厳の御像を仰ぐことが出来た。実に一生の最快事であつた。（岡倉、一九三九、五四―五五頁）

迷信を排除し、臆することなくタブーを踏み越えて達成した偉業への満足が、ここに表明されている。秘仏として畏れられ、堂の奥に覆い隠されるよりも、世界に誇る古代彫刻として、その全身をあらわにする方がよほどよいではないか。そこには、誇らかな近代の勝利宣言を読み取ることができる。

このようなフェノロサ・天心の切り開いた道を継承し、古寺・古仏を美として巡礼する道を開いたのが、和辻哲郎の『古寺巡礼』（一九一九）であった。和辻は、「この奇妙に美しい仏像を突然見いだしたフェノロサの驚異は、日本の古美術にとって忘れ難い記念である」（岩波文庫本、二八九頁）とフェノロサの偉業を讃える。そして、和辻は大胆にも宣言する。

われわれが巡礼しようとするのは「美術」に対してであって、衆生救済の御仏に対してではないのである。たといわれわれがある仏像の前で、心底から頭を下げたい心持になったり、慈悲の光に打たれてしみじみと涙ぐんだりしたとしても、それは恐らく仏教の精神を生かした美術の力にまいったのであって、宗教的に仏に帰依したというものではなかろう。宗教的になり切れるほどわれわれは感覚をのり超えてはいない。（同、四〇—四一頁）

和辻は強い調子で宗教と美術を対立的に捉え、あくまで美術の側に立とうとしている。古寺は宗教の場所ではない。それは古代ギリシアにも比すべき素晴らしい建築群であり、そのなかの仏像は世界にも類のない美の結晶である。

天心・和辻らの仏像や古寺の発見は、二重の意味をもっている。第一に、近代における伝統の忘却に対して、日本の伝統の素晴らしさの発見である。しかし、第二に、その伝統をみるのに、美と芸術という近代の視点を導入する。すなわち、近代による伝統の否定を通過したうえで、その近代の目で伝統を再発見するのである。

和辻は、『古寺巡礼』の前年、エッセー集『偶像再興』を出版しているが、それは明瞭にこの二重性を意識したものであった。すなわち、第一に、近代の合理主義の立場から、非合理的な伝統の偶像を果敢に破壊し、そのうえで、もういちど新しい視点で偶像を再興しようというのである。仏像は、聖なる偶像であることを否定されることにより、美術作品として再興され、蘇る。

だが、本当にそれでよかったのか。仏像が本堂の薄暗がりから引きだされ、博物館の光の中に置かれることが、仏像のあるべきあり方といえるだろうか。ルーブルの百済観音のほうが仏像の本来の姿で、青蓮院の青不動は不幸な状態に置かれた美術品だといってよいであろうか。どうもそうはいえないのではないか。

仏像は本堂の奥にただ安置されるだけではない。寺院という非日常的な空間のなかでさまざまな儀礼が行なわれ、仏像はそのもっとも重要な要素として、仏の臨在そのものである。それゆえに仏像が仏像たりうるためには開眼供養が必要なのである。姿を現わさない秘仏であっても、ただ倉庫に梱包され、転がされているのとは異なる聖なる意味をもつのである。

美術から儀礼へ

こうして今日、寺院や仏像を含めて、それらを生命あるものとする儀礼という問題が大きく取り上げられるようになってきた。だが、かつて迷信的な呪術としかみられず、そこから離脱することこそ近代的と考えられた儀礼を、どのように考えればよいのであろうか。ルチア・ドルチェ＋松本郁代編『儀礼の力――中世宗教の実践世界』（二〇一〇）は、中世宗教の儀礼を広い視野から捉えた画期的な研究書であるが、その序文で、編者は近年の儀礼研究の動向を次のように記している。

> 近年の欧米における儀礼学では、儀礼を儀礼行為（ritual action）の問題として捉えている。これは、儀礼を行なう場、儀礼に携わる者、儀礼に参加する者の間に起きる動的な力の動きに注目したもので、儀礼が遂行される過程のなかで、新たな意味が生み出され、その実態に即して相互に具体的な働きかけをしていくというものである。
> このような視点に基づく儀礼の権能とは、まず、儀礼の実践によって、実践・実修者の身体そのものに変化を及ぼす点がある。そして、この変化が宗教的な効果となり、社会的な作用として人々に影響を与えるようになる。（ドルチェ＋松本、二〇一〇、七―八頁）

儀礼が身体効果を及ぼし、それが社会的な作用をも果たすというのである。たしかに、このような見方をすれば、儀礼の意義を積極的に認めることができる。しかし、これだけであれば、あくまで儀礼の効用ではあっても、儀礼そのものの意味ではない。この点で、ロバート・シャーフの説明のほうがより直接的で分かりやすい。シャーフによれば、儀礼とは、日常生活から隔離し、聖に入ることであり、その具体的な例として、「聖体拝領の聖餅《せいへい》は、象徴的ではなく、実質的にキリストの肉に変わる」(Sharf, 2005, p.257) ということを挙げている。

この例は非常に分かりやすい。葡萄酒と聖餅(パン)は、決してキリストの血と肉の象徴や譬喩ではない。聖別されることにより、本当にキリストの血と肉に変わるのである。そうでなければ、カトリックのミサは成立しない。もちろん、信者でなければ、そのようなことは信じられないであろうし、実際に現象面でいえば、葡萄酒は葡萄酒、パンはパンのままで、まったくなんの変化もない。ナンセンスだといってしまえば、それまでである。

しかし、このようなことは、多くの宗教にみられることである。密教儀礼であれば、まず仏や守護神を勧請し、神仏がその場に臨在しなければ、儀礼は成り立たない。よく知られた民俗行事に、能登地方のアエノコトがある。その年の収穫を感謝して、田の神を迎えに行って家に招き入れ、風呂に入れ、食事を供し、楽しませる。見た目には、だれも相手がいないのに、主人がひとりで芝居をしているだけのことであるが、そこに神が臨在していなければ、儀礼とならない。『論語』八佾《はちいつ》の有名な文句「(祖先を)祭ること在《いま》すが如くす。神を祭るには神在すが如くす」は、鴎外の「かのように」的に解釈すれば、祖先や神はいないのに、あたかもそこにいるかのように祭を行うということになるが、そうではないであろう。現象としてみえなくても、神はその場に臨在しているのであり、そのように心して祭を行わなければならないという意味であろう。儀礼といっても、もちろん多様である。しかし、多くの場合、所定の場所で、所定の手順を踏みながら、言葉・音・所作・香りなど、多様な要素が総合的に機能し、そこに聖なるもの、あるいは私の使う用語でいえば「冥《みよう》」の世界が顕現し、その「冥」なるものとの交流がなされるのである。「冥」なる世界は、通常のコミュニケーション手段ではコミュニケーションがなされない。そこで、儀礼が必要となるのである。儀礼をとおしての「冥」なる世界との交流が、この世界に豊饒をもたらし、幸福をもたらす。儀礼のもつ創造性の根源はそこにある。

中世儀礼テクスト研究を先導する阿部泰郎は、儀礼テクストについてこう記す。

> 儀礼における宗教テクストの特質は、その宗教の場（時空）――本尊〈聖なるもの〉を招き、祈り、送り出すプロセス――を構成する多元的要素としての音声言語・文字言語・身体行為・図像（更には火（燈明）や水（閼伽）などの要素を含む）を生成する過程を司どることにある。
>
> （阿部、二〇一三、六頁）

宗教テクストによって秩序づけられた総合的な儀礼のシステムにこそ、のちに美とか芸術とかいわれるものが形成される根源の場がある。その総合性が失われて解体し、「冥」なる世界への通路としての機能が捨てられ、現世的な場で完結されるところに、文学・美術・音楽・舞踊・演劇などのさまざまな芸術の領域が自立することになる。

儀礼の総合性を保ちつつ世俗化したものが、「儀式」である。学校の朝礼で、校長が訓辞を垂れ、校歌を斉唱することも、集団の意識を高め、その日のやる気を起こさせる効果がある。それゆえ、効果をくらべるというだけであれば、儀礼であれ、儀式であれ、どちらが優れているともいえない。どちらも決まった型や手順による秩序が重んじられ、その規範からの逸脱は咎められる。

このように、儀礼と芸術、あるいは儀礼と儀式とは、完全に二分化して線引きされるわけではない。思想史としてみた場合、中世における儀礼の総合性は、中世後期にはしだいに解体し、さまざまな分野がそれぞれ職業化して継承されるようになる。歌道・武道・茶道・華道など、それぞれの「道」が秘儀化していく。近世になると、それらの「道」は世俗化していく。儀礼は儀式化しつつ、「型」が重んじられるようになる。それが、近代になって、いよいよ美や芸術という観点が成立してくるのである。

もちろん、このような見方はきわめて大雑把であり、具体的にみていけば、一律では捉えきれない。今日、中世研究に関しては、儀礼論的視点は常識化し、大きく展開しているが、それが近世の儀礼・儀式から近代の美や芸術の問題にどのようにつながるかは、必ずしも十分に流れが描かれていない。それは今後の課題として残されている。

さて、本章では、問題を絞って、和歌という言語テクストに焦点を当ててみたい。和歌は、古代から現代にまで続く日本の文化の重要な創造的営為であり、長い歴史のなかで、儀礼的世界の中核に位置していた。仏教が儀礼のひとつの収斂する方向を示すとすれば、もうひとつの方向はつねに天皇という王権に向かっていた。王権との関係は、儀礼の問題を考える際にきわめて重要でありながら、その位置づけは必ずしも明快には説明できない。そのなかで、和歌は、王権との関係がきわめて密であり、王権を王権たらしめる力のひとつの根源ともいえる。ここでは、その点に関してもいささかの配慮を払ってみたい。

なお、近代以後は、「和歌」よりも「短歌」という言い方が普通であり、その間に断絶があるとされるが、本稿では、両者を連続性の観点からみるために、近代以後に関しても、「和歌」という言い方を用いる。これまで、純粋な個人的営為と考えられてきた「近代短歌」なるものが、じつは古代からの天皇＝国家の儀礼に連なっているのではないか、というのが本章の見方である。

言葉／儀礼／王権——和歌と天皇

今日の問題としての和歌と天皇

金井美恵子の「たとへば（君）、あるいは、告白、だから、というか、なので、『風流夢譚』で短歌を解毒する」（二〇一二）という長いタイトルの、かなり言いたい放題なエッセーに導かれて、はじめて深沢七郎の『風流夢譚』を読んだ。『風流夢譚』（一九六一）は小説自体よりも、それがもとになって起こったテロと言論弾圧事件で記憶されている。夢の中で革命が起こり、当時の天皇（昭和天皇）夫妻と皇太子（現天皇）夫妻が首をちょん切られるという過激な内容に、右翼の少年が怒って掲載誌『中央公論』の発行元である中央公論社の嶋中鵬二社長宅に押し入り、家政婦を刺殺した事件である。それは言論を委縮させ、『風流夢譚』は公共の場から姿を消したが、いまではウェッブをとおして読むことができる。

金井が「『風流夢譚』は短歌について書かれた小説である」というのは、いささか意表を突くが、しかし的外れではない。小説の中では、天皇・皇太子夫妻の辞世の和歌（短歌）が重要な役割を果たしている。たとえば、天皇の辞世の和歌は、こうである。

みよし野の峰に枝垂れるちどりぐさ吹く山風に揺るるを見れば

「ちどりぐさ」がいかなるものか不明だが、ともあれ一見叙景の歌のようにみえる。しかし、それほど単純ではないことを、「三十年も五十年もおそば近くにおつかえした」老紳士が教えて、解釈してくれる。「『みよし野の峰にしだるる千鳥ぐさ吹く山風に』までは『揺るる』の序で、『揺るる』は国が動乱することを意味するもので、歌の大意は『なんと国家動乱したことであるわい』という意味だそうである」。

和歌はわざと下手につくられているが、ここで辞世の歌を持ちだし、解釈してみせるのは、もちろんパロディとしての有効性をもつからである。深沢がここで和歌を出してくるのは、和歌論そのものを展開しようというわけではない。和歌によって、天皇制の奥にまで浸透している「伝統」を象徴させ、滑稽化することで、解体しようというのである。辞世の歌を詠むということは、実際の天皇制の伝統にはないが、ここでは、それによって内容空疎な儀礼性を象徴させ、内容空疎であるがゆえにかえって深遠さを暗示させ、呪縛性をもつという天皇制の構造そのものを示しているとみることができる。「みよしのの」と大仰に歌いだされても、結局は『揺るるを見れば』というだけのことで、「なんと国家動乱したことであるわい」という楽屋落ちの種明かしだが、毒にも薬にもならない陳腐な感慨が、定型化された儀礼的営為を通過することで、動かしがたい重みをもってしまうのだ。「型」の呪縛といえようか。

小説はこの後、主人公が自死しようとして辞世の歌を詠もうとして、それが防人の歌だと、かの老紳士から指摘され、もうひとつ辞世をつくってピストルで頭を撃ったところで目が覚める。最後につくったのは、「夏草やつわものどもの夢のあと」という芭蕉の俳句であったというオチがつく。作者は、天皇儀礼という夢の中に取り込められた和歌よりも、そこから自由な俳句のほうに現実の力として期待しているのかもしれない。

金井美恵子は、この小説を手がかりに和歌(俳句も同類に含める)という「超大衆的な定型詩歌系巨大言語空間」(傍点、原著者。金井、二〇一二、七七頁)を問題にする。それは、「歴史的に天皇を頂点とする短歌系の巨大言語空間」(同、九〇頁)である。そして、「それは、大衆に支持される巨大で歴史的な言語空間であることを踏えたうえで特別な言葉を書きつらねることがまかり通る私的空間のようである」(同、七七頁)と、私的性格をもつことを指摘する。頂点に天皇を置き、底辺に「超大衆的」な「私的空間」が広がる「巨大な共同体的言語空間の家族」(七九頁)を形作るのが和歌的な定型詩系空間である。天皇という頂点は個人の私的生活に浸透し、それを吸収して肥大化する儀礼的仮想世界を構築する。ここで金井が槍玉に挙げるのは、妻の河野裕子の死を感動的に書き連ねる永田和宏であり、「宮内庁御用掛」という恐ろしい肩書の「大歌人」岡井隆であり、解釈さえも必要としない俵万智の私的な歌である。

八方破れのような金井の和歌批判論に対して、和歌界からもおずおずと反論がなされているようだが、それはほとんど「巨大な共同体的言語空間の家族」の範囲を出るものでなく、ここで問題にする必要はない。しかし、金井が直接名指しして痛罵した岡井と永田に、やはり大御所である馬場あき子と多少若い穂村弘が加わって編集された『新・百人一首』（二〇一三）は注目される。ここには、金井の論への言及はまったくないが、金井の論が出たあとの二〇一二年夏に計画がはじまっていることを考えれば、金井の論を意識してそれへの応答の意味を込めて編集されたことは明白である。

本書は、「近現代短歌ベスト一〇〇」という副題があるように、近現代短歌百人の一首ずつを選びだし、簡単な解説を付したものである。なぜ本書が金井の論（ひいては深沢の『風流夢譚』）への応答かというと、この百人の冒頭に明治天皇を据え、また百人のなかに皇后美智子を入れていることから知られる。

この百人の選出に関して、岡井隆は「新・百人一首の歌は、プロの歌人の歌であり、たとえば新聞歌壇や、ＮＨＫテレビの現代短歌の入選作とは、どこか違うということ」（同書、一〇頁）

を表明している。「プロの歌人」の筆頭に明治天皇が挙げられ、皇后美智子が入るということは、一見奇妙である。しかし、そこに本書の強烈な主張がある。これまでも近代短歌のアンソロジーは少なくないが、天皇や皇后が「プロの歌人」として含められることはなかった。ここにはじめてそれがなされたのは、深沢―金井によって指摘され、批判された天皇を頂点とする言語＝儀礼空間を積極的に肯定し、そこに立脚して短歌の世界を構築しようという意図に基づくものと考えられる。いわば、深沢―金井の非難を逆手にとって居直ったのである。

天皇が「専門歌人」であるのは、歌を通して祭政一致が成り立つからであり、そのもとに、天皇をモデルとして、それを大衆に媒介するところに臣下たる「専門歌人」の役割がある。その最下層に「新聞歌壇や、NHKテレビの現代短歌」に拠る大衆歌人が「巨大な共同体的言語空間」を形成することになる。その明治天皇の歌は、「あさみどり澄みわたりたる大空の広きをおのが心ともがな」というものである。まさしく大空のような広大なみ心をもって、民を覆い尽くそうという天皇国家の構造そのものを詠いこめている。

戦前・戦中に、天皇（とりわけ明治天皇）の和歌による国民統合を企図したのは、三井甲之《こうし》（一八八三―一九五三）であった。蓑田胸喜《むねき》とともに原理日本社を結成し、次々に帝国大学のリベラルな学者たちを槍玉に挙げて恐怖に陥れた三井は、もとはといえば根岸短歌会出身の歌人であった。伊藤左千夫らの『馬酔木《あしび》』を継承する歌誌『アカネ』創刊の中心となったが、のちに『アララギ』が創刊されるに及んで休刊に追い込まれ、ルサンチマンから『アララギ』に拠る斎藤茂吉や島木赤彦らとはげしい論争を交わしたが、結局短歌の世界では主流を奪われることになった。

三井は早くから国家主義的な志向をもっていたが、和歌と国家主義を結びつけるところに「しきしまのみち」を求めるようになる。『しきしまのみち原論』(一九三三)では、「しきしまのみち」は次のように定義されている。

『明治天皇御集』は御製集でありまして三十一音の和歌の御集であります。此の和歌をシキシマノミチと申すのであります。シキシマノミチは最も正しく和歌によつて表現せらるゝのでありましてシキシマノミチと和歌とは同じ意味に用ゐらるゝのであります。シキシマノミチは日本精神であり、日本人として行くべき道であり、日本国民宗教であり、一切の国民生活指導原理でありますが、さういふ抽象的概念として理解せらるゝと共に、その概念の内容として、またその表象の対象として和歌を指示するのであります。……シキシマノミチは国語によつて個人生活を公共生活に連絡するものである……

(三井、一九三三、二頁)

シキシマノミチ（敷島の道）＝和歌＝日本精神＝国民宗教＝国民生活指導原理という等号が成り立つ。和歌こそ日本精神の根本なのである。そこでは個人生活が日本語の表現をとおして公共性に結びつく。そこに、和歌が私的性格をもつ必然性がある。私的生活は民族共同体の擬似的一体感の地盤となり、それがそのまま天皇国家に吸い上げられるのである。

このシキシマノミチ論は、近代の国家主義の流れのなかでも、きわめて特異な主張であり、いかにも奇異にみえるかもしれないが、しかし、単に荒唐無稽と言い切れない説得力がある。なぜならば、古代以来和歌は実際に国家・政治・天皇ときわめて密接に関係してきていたし、近代になれば、明治天皇は出口王仁三郎《でぐちおにさぶろう》と並んで和歌を多作し、「天地もうごかすばかりの言の葉のまことのみちをきはめてしがな」と、「言の葉のまことのみち」に深く心を寄せていたからである。近代天皇国家が「日本人」という民族に立脚し、天皇の悠久性に国体の基礎を置こうとしたとき、その古代以来の不変性を保証するものこそ和歌の伝統であり、その儀礼性であった。

三井の論は、いわばそのような近代の和歌と天皇の儀礼的結びつきを最大限強化しようとするものであった。『『明治天皇御集』を拝誦するといふことがシキシマノミチを行く根本的の修行でありまして、シキシマノミチ会は『明治天皇御集』を拝誦する団体であります」（同、一頁）と述べているが、こうなると、シキシマノミチは『明治天皇御集』を崇拝対象とする宗教的儀礼性を強く帯びることになる。さらに三井は、手のひら療治法を導入して宗教性を強め、和歌的天皇主義を実践に結びつけていく（三井、二〇〇三）。

ふたたび戦後の状況に戻るならば、深沢七郎が『風流夢譚』で提起したのは、このような戦前の和歌的天皇国家論が、なお戦後の底流として持続していることを明るみに出し、その偽装を剥ぐことであった。それに対して、『新・百人一首』では、「専門歌人」明治天皇を先頭に押し立てることにより、ふたたび三井のシキシマノミチ的な和歌的天皇国家に戻ることを志向しているのである。

儀礼の根源

やまとうたは、人の心を種として、よろづの言の葉とぞなれりける。世の中にある人、ことわざしげきものなれば、心に思ふことを、見るもの聞くものにつけて言ひ出せるなり。花に鳴く鶯、水に住むかはづの声を聞けば、生きとし生けるもの、いづれか歌をよまざりける。力をも入れずして、天地を動かし、目に見えぬ鬼神《おにがみ》をもあはれと思はせ、男女の仲をもやはらげ、たけき武士の心をもなぐさむるは歌なり。

（『古今和歌集』角川文庫、八―九頁）

『古今和歌集』の仮名序は、和歌の本質と効用を記し、のちのすべての和歌論の拠りどころとなる聖典ともいうべき権威を持つ。その冒頭部分はまず、「やまとうた」が「人の心を種として」いることを述べる。それは具体的に、「世の中にある人、ことわざしげきものなれば、心に思ふことを、見るもの聞くものにつけて言ひ出せるなり」と説明されている。

「心に思ふこと」といわれているが、それは決して思弁的、理性的な思索ではない。本居宣長は、それを端的に「物のあはれをしる心也」（『石上私淑言《いそのかみのささめごと》』上、岩波文庫、一七七頁）と断定している。「物のあはれをしる」とはどういうことか。それは、「事にふれて、其うれしくかなしき事の心をわきまへしる」（同、一七八頁）ことである。「わきまへしる」という言い方は、弁別の作用のようにみえるが、そうではない。「物に感ずるが、則ち物のあはれをしる也」（同、一七九頁）であり、深く感情の動くことが「物のあはれをしる」ことである。

「歌よむは物のあはれにたへぬ時のわざ」（同、一九二頁）であり、「物のあはれをしる人は、あはれなる事にふれては、おもはじとすれどもあはれとおもはれてやみがたし」（同）。そこに、歌が生まれる必然性が生ずる。「あはれにたへぬ時は、いはじとしのべども、おのずから其おもむきのいはるゝ物なり。……さればあはれにたへぬ時は、必ず覚えず、自然と歌はよみ出でらるゝ物なり」（同、一九三頁）。歌は意図してつくられるものではない。それは、「あはれにたへぬ時」

に、「自然と」詠みだされるものなのだ。

感動によって歌いだすのは、人間だけでない。「花に鳴く鶯、水に住むかはづ」をはじめ、「生きとし生けるもの」すべてが、歌を詠まないものはない。それでは、万物すべてが歌うのであろうか。宣長はそこに、「歌は有情の物にのみ有りて、非情の物には歌ある事なし」（同、一五九頁）という制限をつける。「風の音水のひゞき」は歌とはいえない。そしてまた、有情のなかでも、「禽獣はいかでか人の歌をよむことあらむ」（同、一五八頁）であるから、いわゆる歌は、人に限定される。人の文化的行為といってよい。

にもかかわらず、歌はその領域にとどまらない。ここで、仮名序の論は大きく展開する。それは「力をも入れずして、天地を動かし、目に見えぬ鬼神をもあはれと思はせ」るのである。この点で、歌のはたらきは天地万物、それどこれか現象的な「顕」の世界を越えたその奥の「冥」の世界にまで届くものとなる。こうなるともはや、感動の自然の表現というような分かりやすい説明では追いつかない領域に踏み込むことになる。

なぜそのようなことが可能なのであろうか。宣長は、「あめつちの間にある事は、よきもあしきもみな神の御心よりいづる物なるが、……あらぶる神の御心をなぐさめ奉れば、をのづから其わざはひはしづまりておだやかになる」（同、二八八―二八九頁）のだとする。

宣長は、歌は自然の奥にいる神々にも響きつうずるものとするが、しかし、この段階になると、もはや「物のあはれ」だけでは説明しきれないであろう。自然感情論の限界である。超越的な「冥」なる世界との交通は、ただ感情の共有だけでは成り立たない。それは単なる言葉ではなく、呪的な力をもち、「冥」なる世界に貫通する聖なる声でなければならない。

このことは、仮名序をさらに読み進めると明らかである。すなわち、そこでは、「この歌、天地の開け始まりける時より出で来にけり」と、歌が天地初発と一体であることがいわれる。これは、ヲノコロ島でのイザナギ・イザナミの聖婚（みとのまぐはひ）のことである。『古事記』によれば、イザナミが「あなにやし、えをとこを」と歌い、イザナギが「あやにやし、えおをとめを」と歌い返したが、うまくいかなかったので、男神が先に歌って島々を生んだというのである。

ここでは、和歌が（形式が整っていないものの）、単なる「物のあはれ」ではなく、それ自体が呪力をもつ儀礼的な行為であることが明らかである。そこには、どちらが先に歌いだすかという手順も定められ、それに従わなければ、その力は発揮されない。「神の御心をなぐさめ」るだけでなく、神自身が和歌を伴わなければ生殖の営みをなし遂げられないのだ。和歌こそが国を産みだし、秩序をつくりだす力をもっている。しかも、それは声に出して歌われなければならない。声に出すことで、聖なる力を獲得する。それは、天地の秩序をつくりだす声である。

『古今集』序によれば、はじめて和歌の形式が整ったのは、スサノヲが出雲に宮をつくったときの、「八雲立つ出雲八重垣妻ごめに八重垣つくるその八重垣を」だという。「八岐大蛇に象徴される自然を征服したスサノヲは、社会に秩序と豊饒をもたらし、王者となる。イザナギ・イザナミは日本の国土を生み出したが、その子スサノヲは国土を国家へと秩序化したのである」（谷、二〇〇八、一五頁）。この歌は、「天上から降臨した神が、地上を支配し、結婚を高らかに宣言した歌である」（同）。土地褒めは、その土地の領有の宣言であり、それ故にこそ土地の平安と豊饒が呪願される。日本という国家の平定は、和歌によって達成される。

神代にはじまった和歌は、やがて人の世に移る。『古今集』の序によれば、「かくても花をめで、鳥をうらやみ、霞をあはれび、露をかなしぶ心言葉多く、さまざまになりにける」と、歌は多様に発展する。ここにおいても、「物のあはれ」に感ずるというだけでは済まない。「いにしへの代々の帝、春の花の朝、秋の月の夜ごとに、さぶらふ人々を召して、ことにつけつつ、歌をたてまつらしめたまふ」とあるように、和歌は天皇の政治の道具ともなる。「あるは花をそふとて、たよりなき所にまどひ、あるは月を思ふとて、しるべなき闇にたどれる、心々を見たまひて、賢し、愚かなりとしろしめけむ」と、臣下たちの心を知る手がかりでもある。

だが、それを単なる政治の道具とみるのも不適切であろう。むしろ歌は天皇と臣下の秩序自体を形成するものと考えられる。

『古今集』は醍醐天皇の命で編纂され、延喜五年（九〇五）に完成した最初の勅撰和歌集である。その後、永享一一年（一四三九）の『新続古今和歌集』にいたるまで、五百年間にわたって勅撰二十一代集が国家事業として編纂されつづける。和歌集以前に国家事業として取り組まれたのが歴史書であり、『日本書紀』にはじまる六国史が編纂された。最後の『日本三代実録』は、『古今集』直前の延喜元年（九〇一）に完成している。いわば、国家の公式的な著作が歴史書から歌集に転換したのである。国の中核は歴史ではなく、歌によってつくられることになる。

『万葉集』は雄略天皇の歌ではじまり、その頂点をなす柿本人麻呂が雄大な天皇讃歌をつくり、和歌はまさしく古代天皇国家形成の必須の役割を果たしている。新しい秩序の形成は、国家の歴史的な正統性を必要とする。そこに、歴史書が国家によって書かれなければならない必然性がある。しかし、すでに秩序が確立したなかで、国家の歴史を統一的に書く必要性は薄れていた。『古今集』においては、天皇の歌は、光孝天皇・平城天皇など、ごくわずかにとどまる。和歌集の撰述は、変転する歴史ではなく、循環する四季に基準を置くことで、平和で安定し、変わることのない天皇の治世を寿ぐものとなる。それとともに、勅撰集の撰述は、王権を核とした貴族（公家）の強固なネットワークのうえにつくられ、そのネットワークを権威づけることで、さらにそれを強化するという性質をもっていた。序が誇示するように、和歌は王権と密接にかかわりながら、世界を秩序づけるはたらきをもちつづけていたのである。

逸脱と集中

私（親鸞）が慈鎮の門弟少納言の君忠安であったときのことだった。慈鎮は「恋」という題を与えられて、

我が恋は松を時雨のそめかねて真葛が原に秋風ぞ吹く

と詠んだ。月輪法皇がご覧になって、「座主は恋をなさったのだ。これほどおもしろい恋の歌は、心に恋したことがない人には詠めない。一生不犯の座主が恋をなさるのはけしからん」と、流罪にしようとした。座主は、「歌だから詠んだのだ」と弁明された。「それならば、思いも寄らない歌の題で作ってみよ」と、「鷹羽の雪」という題を出された。すぐに詠んだ。

雪降れば身に引き添ふる鴘《はしたか》の徒前《ただきき》の羽や白斑《しらふ》なるらん

この歌の使者に私が遣わされたところ、主上をはじめ関白や並みいる公卿・殿上人たちが皆、「それでは恋もしなかったのだ」と感じ入った。「使者の俗姓は何か」と尋ねられた。「先の皇大皇公大進有範卿の子でございます」と答えると、畏れ多くも、「それならば、先の若狭大進の孫ではないか。祖父も師匠も歌人であるから、お前もただ者ではあるまい。師匠は徒前（左側）の羽を詠んだのだから、お前は身寄り（右側）の羽を詠め」と仰せがあったので、辞退申し上げることができず、こう詠んだ。

鴘《はしたか》の身寄りの羽風吹きたてて己と払ふ袖の雪かな

こう申し上げると、ご感銘のあまりに御衣を頂戴して、肩にかけ、大床を下り、置石のあたりを過ぎて輿に乗ったが、「情けないことだ。ただ今の歌を詠進しそこなえば、自害するところだった。自害するならば、五逆よりも悪いので、無間地獄に堕ちるだろう。これが出家の結果なのか」と思い切って、すぐに輿を坂本に返し、自分はそのまま六角堂の救世観音を

お頼みして、七日間参籠して、観音の示現で法然の御弟子となったのだ。（取意）

これは、『親鸞聖人御因縁』という、もっとも古いとされる親鸞伝に出るエピソードであり（『大系真宗史料　伝記編1』所収）、この後、親鸞と玉日《たまひ》の結婚譚へと進んでいく。九条兼実を思わせる月輪法皇とか、少納言の君忠安という親鸞の名前とか、ほかにみられず、事実とは考えにくい話であるが、少なくとも当時ある程度受け入れられていた親鸞像が、今日考えられているのとはまったく異なり、愕然とする。この話では、親鸞は見事に即興で歌を披露する歌人として描かれている。

この話で注目される第一点は、王権と和歌の密接なつながりが明示されているところにある。そのネットワークは貴顕を中心としながらその周縁に広がり、俗人だけでなく、慈鎮（慈円）のような僧も含まれる。歌を即興で詠む能力が要求され、必ずしも実体験を要しない。難題をいかにこなすかが、腕の見せどころとなる。

第二に、親鸞もそのような和歌のネットワークのなかに位置するものと理解され、当意即妙の歌を詠むだけの才能と知識を有していたとされている。『御因縁』では、親鸞はもともとその和歌サークルのなかにいながら、それを嫌って離脱し、法然の門に入るものとして描かれている。

もっとも、その後玉日と結婚するように強制されることで、ふたたび和歌＝貴顕の世界と関係することになる。ここでの親鸞は、いわば和歌的世界の周縁にいるということができる。『親鸞聖人絵伝』のようなのちの伝記では、このような側面は完全に無視され、親鸞は和歌的なサークルとはまったく無関係なところに位置づけられる。

実際には親鸞の和歌は知られておらず、むしろ「親鸞にとって詠歌は十悪の一」とされた（塩谷、二〇一一、三三頁）。しかし、それでは親鸞は儀礼的な詠歌は無関係だったのであろうか。塩谷菊美が指摘するように、「仏の偉大さを讃嘆するなど、一般に和歌が用いられる場面では、親鸞は和讃を用い」た（同）。和讃は、源信によって本格的につくられるようになった和語の韻文で、儀礼の場で唱和されることを目的としている。

親鸞は晩年、『浄土和讃』『高僧和讃』『三帖和讃』など、多数の和讃をつくっている。七五を四回繰り返すことで一首になるが、そのリズムを何度も繰り返して、長大な作品となっていく。親鸞が和歌でなく、和讃の形式を用いたのは、和歌のサークルから離脱するとともに、五七五七七で完結する和歌と異なり、一首ずつが独立しつつ連なっていく和讃の形式が、儀礼的でありつつ、新しい思想性を内包しうる表現方法と考えられたからであっただろう。

中世の和歌は、藤原定家の子孫のいわゆる御子左家《みこひだり》が中核的な権威を確立して、冷泉・京極・

二条に分かれて継承される（横井・新井、一九八六）。その点で閉鎖化され、創造力を失うようにもみえるが、むしろその裾野は広がっていく。新興の武士たちは公家の文化に憧れ、盛んに和歌を学ぶ（小川、一九九八）。和歌は、単に作歌の技術にとどまらず、そのなかに公家に伝来してきたさまざまな教養がセットになっていて、和歌の伝授はそのまま伝統文化の伝授となる。裾野の広がりが少数の権威的な歌人を支える構造がつくられる。

歌人は地方巡業によって莫大な謝礼を得、「文化人の地方巡業はビジネスとして十分に成り立つ」（同、二〇八頁）ことになった。それは、連歌・俳諧の宗匠を中核としたネットワークにつながり、さらに近代の短歌・俳句の独特の結社体制へと発展することになる。そのピラミッド型の構造は、茶道・華道から武道にまでいたる家元体制と同質のものである。

そのなかで、和歌の理論も洗練される。仏教との結びつきは和歌陀羅尼説に結晶し、有心論・幽玄論など、内面的に掘り下げられた理論は、能楽論などにも連なる豊饒な世界として展開される。そのなかで、中世の権威の集中は秘伝化を生み、最終的に古今伝授に集約される。秘伝化の形式は、もともとは密教の相承に由来するもので、仏教の諸派に採用されるとともに、文化・芸能などのさまざまな流派にも応用され、中世文化の重要な動向を形成するようになった。

秘伝化のポイントは、ひとつは相承系譜による権威づけである。これは密教の血脈や禅の師資重視に由来し、古今伝授の場合は、「師資相承、つまり師範から門弟へという継受によって、ルーツを定家・為家に求めようとした」（小川、一四九頁）のである。東常縁《とうつねより》から宗祇《そうぎ》が伝授されたのが最初とされるが、「連歌師として成功した宗祇は、歌壇での名声をも渇望し、師範の常縁こそ藤原為家以来の正嫡の口伝を伝えた人であると吹聴し、しかも弟子の三条西実隆がこれを信じ込んだために、常縁が歌道正統の系譜に載った、ということらしい」（同、一四八—一四九頁）。その権威が、秘伝相承の儀礼によって継承されることになる。もともと儀礼はそれに関与する人間の閉ざされた特権化を伴うが、秘伝はそれを極限まで推し進めることになる。

もうひとつ重要なポイントは内容にかかわる。常識的に知られることであれば、秘伝化する意味がないので、常識を超えた極端な説が説かれるようになる。仏教における本覚思想恵心流の三重七箇の法門のように、その秘伝が体系化され、浅い段階から最奥の説へと順次深められていく形態が取られることも少なくない。

古今伝授では、有名な三木（をがたまの木・めどにけづり花・かはな草）をめぐる説がある。すなわち、「をがたまの木」を鏡、「めどにけづり花」を勾玉《まがたま》、「かはな草」を剣に当て、三種の神器と結びつけるものである（渡部、二〇〇九、二一四頁）。こうした荒唐無稽の口伝は中世では必ずしも珍しくなく、とりわけ中世神道はこのような牽強付会の説によって新たな展開を示す。

これによって、和歌の世界はふたたび天皇の権威に戻っていき、やがて近世になって宗祇流の古今伝授は「御所伝授」として、天皇家に伝えられることになる。

こうした中世以来の秘伝は、宣長によって、「古今伝授大いに歌道のさまたげにて、此道の大厄也」(『排葦小船』岩波文庫、一二三頁)ときびしく批判され、全体としては衰退することになった。近世の文化は、儀礼的な秘伝化と逆に公開の方向に向かう。それは、中世の写本文化から印刷による流布への転換と軌を一にしている。

帝国と和歌

正岡子規の『歌よみに与ふる書』(一八九八)は、「仰の如く近来和歌は一向に振ひ不申候。正直に申し候へば万葉以来実朝以来一向に振ひ不申候」(岩波文庫本、五頁)と勇ましい挑戦にはじまる。宣長が中世の和歌論を否定したのに対して、子規はさらに大胆に、実朝を除外して、万葉以後をすべて否定する。とりわけ、「貫之は下手な歌よみにて『古今集』はくだらぬ集にて有之候」(『再び歌よみに与ふる書』、同、八頁)という『古今集』否定は、『古今集』をモデルとしてきた平安以後の和歌の常識を覆した。

今日の研究によれば、子規による『万葉集』再発見という常識は必ずしも適切でなく、当時すでに『万葉集』評価はほぼ定着していたと考えられるが（品田、二〇〇一）、子規の継承者たちによって、その評価は揺るぎないものとされていった。その頂点に、島木赤彦・斎藤茂吉が位置する。

近代において、『万葉集』は「国民歌集」として評価されることになるが、品田悦一はそこに、「古代の国民の真実の声があらゆる階層にわたって汲み上げられている」ことと、「貴族の歌々と民衆の歌々が同一の民族的文化的基盤に根ざしている」ことの二側面があるという（品田、二〇〇一、二二頁）。それによって、「天皇から庶民まで」が、「日本民族」という統合体に集約されることになる。それは結局のところ、天皇＝国家のもとに「臣民」を統合する国家の志向と合致することになる。

そもそも近代日本国家は、律令制を理想視する形で王政復古を実現させ、太政官・神祇官体制をとった。それは間もなく時代錯誤であることが明らかになって解体したが、記紀神話を聖典化することで、神の子孫としての天皇を位置づけ、古代のイデオロギーをもって近代を基礎づけるという方針をとった。『万葉集』はまさしく記紀神話形成と時期を同じくし、とりわけ人麻呂の天皇讃歌は記紀神話と並ぶ古代天皇論の詩的表現ということができる。近代における『万葉集』評価は、記紀神話の聖典化とセットとなって、古代天皇イデオロギーを近代に再構築する役割をもったのである。それゆえに、『万葉集』は「国民歌集」たりえたのであり、ほかの文学作品でそれに代えることはできないものがあった。

もうひとつ重要なことは、『万葉集』は単に「国民歌集」として鑑賞の対象とされただけでなく、作歌の手本として万葉調の歌がもてはやされ、和歌がほかの文学形式を超えて天皇＝国家と深く結びついたことである。近代の天皇は多くの和歌を詠むとともに、明治七年（一八七四）からは歌会始に一般国民からの詠進を認め、まさしく具体的な儀礼をつうじて和歌は「天皇から庶民まで」を網羅する国民統一を促進する有力な武器となったのである。

そのようにみれば、先に取り上げた三井甲之から『新・百人一首』にいたる流れは、近代和歌を天皇＝国家とさらに緊密に結びつけようとする点で、それなりの必然性をもつことになる。それと同時に、深沢七郎―金井美恵子の批判もまた、そのままぴったり該当することにもなろう。

もっとも、近代の天皇＝国家が、あえて擬似古代国家を装ったとしても、古代国家と近代国家が同一視できないことは明白である。だからこそ、実際に古代国家を模した神祇官・太政官システムは簡単に瓦解したのであり、その後、現実を無視したイデオロギーの次元においてのみ、古代と近代が溶接することになったのである。和歌の特権性もまた、そのような基盤のうえに成り立つ幻想であり、現実の近代国家においては、三井甲之のシキシマノミチ＝和歌＝日本精神＝国民宗教＝国民生活指導原理という和歌の特権性は成り立つはずもなく、挫折した。それを戦後の今日ふたたび復活させ、天皇＝国家と和歌の特権性を結びつけようとしても、時代錯誤以上の何物でもない。

金井のいう「巨大な共同体的言語空間の家族」は、たしかに巨大であるかもしれない。しかし、それをもって国民を網羅するわけではなく、戦前とくらべてさえも、その影響力はきわめて小さくなっている。文芸形式として、今日の和歌（短歌）は、俳句とともに「第二芸術」（桑原、一九七六）的な周縁を形づくるものとなっている。そのなかで、あえて天皇＝国家との儀礼的密着を持ちだす逆説的な反時代的志向には、興味深いものがあるが、はたしてそこにしがみつくのが和歌（短歌）の進むべき道なのかどうか、それこそ、「プロの歌人」に聞いてみたいところだ。

以上、本章では、近代の美や芸術を前近代の儀礼に引き戻して、その創造性を捉え直す可能性の提示から入り、儀礼と王権と言葉の関係を和歌の場合を取り上げて、検討してみた。はなはだ偏った一面しか論じられなかったが、それでも近代の美や芸術に還元できない儀礼性が、王権と密接に結びつきながら、今日でも生きていることが知られたであろう。儀礼は古代と近代を一気に跳び超えて再生する恐るべき力（それがプラスであれ、マイナスであれ）をもつものである。

第七章

国土‥平泉の理想

平泉という問題

平泉を通して見えるもの

本章は他章と異なり、平泉という地域に限定し、しかも藤原氏全盛の一二世紀を中心として、時代的にも限定した問題を扱う。いわば定点観測に基づいて、それがもつ広範な思想史的広がりを見るという方法を取ることになる。日本という国土を聖なる地と見ることは、第二章で取り上げた中世の地図などにみられる。しかし、平泉の場合、政治権力と一体化して、それを単なる理念上の問題に留めず、現実の東北という支配地域全体を聖なる土地としようとしたと考えられる。

時代的に言えば、中央では院政の全盛期に当たる。院政は仏教の力で聖化することで、政治の強力化を図った。そのために、京の街中ではなく、その周縁に拠点を作り、従来の摂関体制を凌駕する政教一体の体制を作ろうとした。しかし、完全に自立するものではなく、天皇の御所や摂関家を有する京を前提として、それに付随する土地を切り開くという方法をとった。それに対して平泉の場合、白河関以北の支配地を聖化することで、政教一体の体制を確立しようとしたところに特徴がある。しかも、奥州藤原氏の全盛は、一二世紀の清衡・基衡・秀衡・泰衡の四代に限られている。その時代に限定された遺跡がタイムカプセルのようにそのままそっくり現在に遺されることになった。

東北の地は辺境として、中央政府と緊張関係をもち続け、半独立の文化を維持した。その性格は後世まで維持し続けられ、戊辰戦争における奥羽越列藩同盟にまで至り、それればかりかその影響は東日本大震災や福島原発事故にまで及んでいる。しかし、中央から見た歴史ではあくまで辺境として付随的に取り上げられるだけで終わり、主題化されることがない。だが、逆にそこに視点を据えるとき、京を中心とした一国史観では見えない異なる位相の歴史が見えてくる。本章で平泉に焦点を当てるのは、このような理由による。

ちなみに、平泉に関しては、後述のように文献資料は限られており、一見すると思想史という観点からはきわめて扱いにくい。だが、逆に文献外の資史料をどのように扱い、そこに思想を読み取ることができるかという観点から見るとき、典型的なモデルケースと見ることができる。思想史という観点から、平泉はどのように読まれるのであろうか。

平泉研究の視点

平泉に関する研究は近年大きく進展し、しだいにその全体像が明らかになりつつある。

二〇一一年の世界遺産への登録、並びにその後の追加登録を目指す活動のなかで、考古学的な発掘による新知見が積み重ねられるとともに、既知の文物や文献へも新たな検討が加えられ、大きな成果を上げてきた。その過程で、毎年研究集会が開催されてその成果が明らかになっている。その一つの成果は、都市としての平泉のスケールの大きな全貌が明らかになり、それを日本国内に留まらず、東・北アジア史の観点から位置づけることがかなり可能となってきたことがある。

それとともに、世界遺産への登録名称が「平泉　仏国土（浄土）を表す建築、庭園及び考古学的遺跡群」であったことから、「仏国土（浄土）」という視点がクローズアップされることになり、平泉の宗教都市的な側面の重要性がしだいに明らかになってきたことも特筆される（入間田、二〇一〇）。こうした成果は、最近出版された平泉の概説書に顕著にうかがわれる。故大矢邦宣の遺著（大矢、二〇一三）、斉藤利男の著書（斉藤、二〇一四）などは、かつての類書に較べて、宗教関係の記述がきわめて大きくなっており、またその記述も的確になっている。

以下、まずこれらの概説書によって、今日の平泉の宗教に関する知識を確認したい。次に、「仏国土（浄土）」という観念が根本的であるにもかかわらず、必ずしも十分に検討されていないように思われるので、その点に関して、仏教学の立場からやや一般的な説明を加える。そのうえで、平泉との関係から、院政期の顕密仏教、とりわけ密教思想の特徴を考察したい。最後に、「東・

北アジア」という課題に対して、当時の東・北アジア仏教の動向と日本との関係、さらには平泉との関係をうかがいたい。

本論に入るに先立ち、二点あらかじめ注意しておきたい。第一に、院政期の仏教はいまだ必ずしも十分に解明されていない。院政期は仏教がきわめて盛んな時期である。出家した法皇が政治の実権を握り、その政治の中心となった白河の地の六勝寺をはじめとして、多数の広大な寺院が創建され、それにともない王権と結びついた顕密の仏教が大きく発展した。他方、民間における新しい仏教への胎動も見られ、それが禅や念仏の新しい動向に結び付くことになる。また、宋などの大陸文化の受容を通して大陸の仏教が導入され、その刺激により新しい仏教の形成へと向かうことになる。

このように、当時の仏教は多様な側面で新しい動向を示しているにもかかわらず、その全体像はいまだ必ずしも十分に明らかになっていない。かつての新仏教中心論は、現存する宗派や宗門大学の研究者の要求と合致する形で宗派史を中心として発展した。その後、顕密体制論以後の仏教研究は、宗派史的な見方を否定したにもかかわらず、実際に仏教研究の中核を担う宗派の研究者が、自宗の宗祖を中心とした研究に集中するため、宗派の枠を超えた全体像が依然として見えにくいのが実情である。そのため、いまだ実質的には新仏教中心論が十分に乗り越えられたとは言いがたい。この点のちほどもう少しくわしく検討したいが、本章もまた院政期仏教をひとつの観点からみる試論以上のものではない。

第二に、そのために、中央の院政期仏教と平泉との関係についても、必ずしも決定的なことは言いにくいところがある。今日の平泉研究は、平泉が中央権力とは半独立した政治体制を取っていたと考え、そこから平泉仏教も中央の仏教と異なる特徴をもつという観点から研究が進められている。しかし、中央と異なる平泉の特徴といわれるものが、本当に中央になく、平泉だけの独自のものかどうかという断定は、十分に慎重でなければならない。同じような動向が中央にもありながら、いまだ明らかになっていないという可能性もないわけではない。

「ある」ことの証明は容易であるが、「ない」ことの証明はむずかしいといわれる。その点から、平泉の独自性という点をあまり強く出すことは危険である。むしろ私見では、平泉は院政期仏教の理念をきわめて純粋に凝縮して示しており、そこに平泉仏教の特徴をみることができるのではないかと考えられる。

平泉の仏教

平泉の仏教関係史料

平泉の仏教を知る史料としては、①現存する伽藍・文物、②考古学的な発掘による遺構、③文献史料、の三種類がある。①現存する伽藍としては、中尊寺・毛越寺《もうつうじ》が代表的なものであるが、中尊寺の金色堂、毛越寺の庭園など、現存するものはごく一部に限られている。ただし、遺された文物は多数に上る。中尊寺には、金堂内の諸尊、紺紙金銀字交書一切経、宋版一切経など多くの宝物があり、毛越寺にも本尊薬師如来など、当時の荘厳をしのばせる。しかし、当時の隆盛から見ると、遺されたものはごく一部に留まる。②それに対して、今日の発掘の成果はめざましい。宗教関係ではなによりも無量光院とそれに相対する金鶏山が重要である。③文献史料としては、平泉の仏教の根本精神の表明とも言うべき「中尊寺建立供養願文」と、全盛期の平泉を明らかにするほとんど唯一の史料である「平泉寺塔已下注文」（『吾妻鏡』文治五年九月十七日条）とがもっとも根本となるものである。ここでは、二つの文献を中心に簡単に当時の平泉の仏教についてみておこう。ただし、後述のように、前者にはやや問題がある。

「平泉寺塔已下注文」の検討

まず、「平泉寺塔已下注文」であるが、これは、平泉滅亡直後、中尊寺・毛越寺の保護を求めて頼朝に提出されたものであり、当時の寺塔の全貌を示すもっとも信頼に足る史料である。全体は、一・開山中尊寺の事、二・毛越寺の事、三・無量光院の事、四・鎮守の事、五・年中恒例法会の事、六・両寺一年中問答講の事、七・館の事、八・高屋の事の八条からなる（以下、引用本文は、大矢、二〇一三、三六—三七頁による）。このうち、伽藍の様子を知るには、第一—三条が重要である。

第一条は、まず中尊寺の寺塔が四十余宇、禅房三百余宇であり、清衡の建立であることを述べる。次に、白河関から外浜までの、いわゆる奥大道の一町毎に笠卒塔婆を建て、国の中心の山上に塔を建てたことを記す。

傘卒塔婆は、実際の遺構が出ていないので、はたしてどの程度実現したかわからないが、国宝の「紺紙金字金光明経一字宝塔曼荼羅」に描かれていることを考えると、ある程度は実現していたものと考えられる。これは奥州全体を仏国土化する壮大な計画を意味する。

次に具体的な中尊寺の伽藍に移る。その中心は次の六種の建造物からなる。

①多宝寺（多宝塔）。釈迦と多宝仏を安置。

②釈迦堂。一百余体の釈迦像を安置。
③両界堂。両部諸尊は木造、金色。
④二階大堂（大長寿院）。本尊、金色弥陀像。脇士九体。
⑤金色堂。堂内に三壇。阿弥陀三尊、二天、六地蔵。定朝造。
⑥鎮守。南方に日吉社、北方に白山社。

これを見れば、中尊寺が『法華経』信仰を中心とし、顕密融合の天台寺院であることが明白である。なお、延暦寺の三塔は、東塔は薬師、西塔は釈迦、横川は阿弥陀を本尊とする。それと較べると、薬師が欠けているのが注目されるが、毛越寺の本尊が薬師であり、それを考えると、中尊寺と毛越寺は一体化して見る必要があろう。

第二条は、毛越寺に関することであるが、堂塔は四十余宇、禅房は五百余宇とあり、当時中尊寺よりも規模が大きかったことが知られる。基衡の建立になる。引き続いて、諸堂に関して記す。

①金堂。円隆寺。本仏は薬師と十二神将。講堂、常行堂、二階惣門、鐘楼、経蔵などを伴う。雲慶による本尊造立の際の逸話を長く記す。
②吉祥堂。本仏、洛陽補陀寺本尊を模す（観音）。丈六観音像の内に納める。
③千手堂。木造二十八部衆。

④嘉勝寺。基衡の死去により、秀衡造立。薬師丈六。
⑤観自在王院。阿弥陀堂。基衡妻造立。
⑥小阿弥陀堂。基衡妻造立。

第三条は、無量光院（新御堂）について記す。秀衡の建立。本仏は阿弥陀丈六。堂内の四壁に『観（無量寿）経』の大意を図絵し、さらに興味深いことに、秀衡自身の狩猟の姿を図絵している。これは、『観経』の下品の悪人往生を意味すると考えられ、秀衡がみずからを殺生する悪人と自覚し、そのうえで下品往生を望んだと考えられる。院内の荘厳はことごとく平等院を模しているという。ちなみに、「注文」には出ないが、無量光院は秀衡の居所伽羅御所に隣りし、金鶏山を西に望んでいる。金鶏山は経塚で知られ、弥勒信仰に基づく聖なる山と考えられる。

以下、第四条は鎮守のこと、第五、六条は年中行事と問答講について記し、平泉の仏教が行事や学問を含めて十分に整備されていたことがわかる。第六条の問答講は、教学の振興が前提となることで、平泉でも相当程度に教学の研究がなされていたと考えられる。ただ、それに関する資料がまったく残っていないのははなはだ残念なことである。また、第七、八条まで含めて考えると、それらの寺院が住居や政治施設、その他の街造りと一体化して総合的に捉えられていたことが知られる。

「注文」は寺院の保護を目的としたものであるから、寺院中心の見方は当然であるが、その観点からすれば、平泉という都市の総体が仏教都市として捉えられていたということができる。

「中尊寺供養願文」の検討

次に、清衡による「中尊寺供養願文」について、注目される箇所を見ておきたい。大矢邦宣により、全文の書き下しに詳細な注が付されているので（大矢、二〇一三、一四四―一五六頁）、それを用いることにしたい（ただし、一部修正する）。

この願文は、「鎮護国家大伽藍一区」の建立に際して、天治三年（一一二六）に清衡によって著わされたものである。ただし、北畠顕家本（一三三六頃）の奥書によると、原本が紛失して、「擬正の文を為す」と言われているので、原本のままでないと考えられる。さらに、原本自体が「右京大夫敦光朝臣これを草し、中納言朝隆卿これを書す」とあって、藤原敦光（一〇六三―一一四四）の草案を冷泉朝隆（一〇九七―一一五九）が清書したとされている。敦光は儒学者として漢文に優れ、多くの詔勅類を起草している。また、『秘蔵宝鑰鈔』などを著わし、仏典にも詳しかったことが知られる。難解な語を多く含むレトリカルな「願文」の文章は、専門家の手になると考えるのが適当である。それ故、たとえ「願文」の根底に、願主である清衡の意図が反映しているとしても、その細部まで清衡の思想の表明として解釈できるかどうかは、なお慎重な検討が必要である。

この願文で讃えている壮大な「鎮護国家大伽藍」がどこにあったかについては諸説があるが、少なくとも「注文」にある中尊寺とは一致せず、その段階ではまったく消えている点に疑問が残る。それに対しては、院の御願所であった伽藍について記す必要がなかったからという説明がなされているが（菅野、一九九七）、説明として弱いように思われる。「落慶」と言ってもはたして本当に実現していたのかどうか、なお疑問の余地が大きい。

この本堂は、「丈六皆金色の釈迦三尊像各一体」を本尊とする。三尊は、大矢が推定するように、脇侍を普賢・文殊とするのがもっとも一般的と考えられるが（大矢、二〇一三、一四六頁）、脇侍も同じ丈六という点が注目される。

次に、「三重の塔婆三基」があったことが注目される。三基の塔は、六勝寺のうち、最勝寺（鳥羽天皇御願）、円勝寺（待賢門院御願）にあったという（同、一四七頁）。これらの塔には、以下の諸尊が安置されていた。

摩訶毘盧舎那如来三尊像各一躰

釈迦牟尼如来三尊像各一躰
薬師瑠璃光如来三尊像各一躰
弥勒慈尊三尊像各一躰

これらの諸尊が塔の四面に配されていたと考えられる。これらの諸尊も顕密にわたるが、「本尊座前の瑜伽壇上」に「八供養の鈴杵」などが具備されていたことを見れば、全体として密教的な様態を取っている。

次に、「二階瓦葺の経蔵一宇」には、「金銀泥一切経一部」を納めているというので、これはいわゆる中尊寺経に当たる。さらに、「等身皆金色の文殊師利尊像」を経蔵の主とするというのは、今日に伝わる五台山型の文殊像を思わせるが、それとは一致しない（同、一四九頁）。

次に、「二階の鐘楼一宇」に「二十鈞の洪鐘一口」を懸けるが、その願文は注目される。

一音の覃《およ》ぶ所千界を限らず。抜苦与楽、普く皆平等なり。官軍夷虜《いりょ》の死事、古来幾多なり。毛羽鱗介の屠《と》を受くるもの、過現無量なり。精魂は、皆他方の界に去り、朽骨は猶此土の塵と為る。鐘声の地を動かす毎に、冤霊《おんりょう》をして、浄刹《じょうせつ》に導かしめん。

単に儀礼的な言葉ではなく、「官軍夷虜の死事」や「毛羽鱗介の屠を受くるもの」という具体性が注目される。また、「精魂」と「冤霊」の関係がわかりにくいが、「精魂」として他界に行けない迷った霊が「冤霊」になるのであろう。「浄刹」は浄土。この場合極楽浄土。

続いて、大門・築垣・反橋・斜橋など、外景に移る。

右、山を築いて以て地形を増し、池を穿ちて以て水脈を貯う。草木と樹林の成行は、宮殿楼閣の度に中たる。広楽の歌舞を奏し、大衆の仏乗を讃う。徼外《きょうがい》の蛮陬《ばんすう》と雖も、界内の仏土と謂うべし。

これは、草木成仏や草木説法の思想を受けて、自然をそのままに仏土と見る本覚思想的な発想である。毛越寺や無量光院の庭園の発想の根底をなす思想である。「界内の仏土」は、三界の迷いの世界の中にありながら、仏土の荘厳を具えていること。現世の浄土と言ってよい。「徼外の蛮陬」と対比されている。

以下、千僧による『法華経』読誦の功徳を挙げ、その後、「以前の善根旨趣は、偏に鎮護国家の奉為なり。所以は如何。弟子は東夷の遠酋なり。生れて聖代の征戦無きに逢い、長じて明時の仁恩多きに属す」など、中央と比較しながら、みずからを「東夷の遠酋」と位置づけ、鎮護国家と白河・鳥羽両上皇の繁栄を讃歎している。

ところで、この願文に対しては、上述のように、伽藍が現存のものとあまりに異なり、その遺構も見出されていないところから、偽撰ではないかという疑問が提示されている。とりわけ五味文彦による検討はくわしいものであり、氏は、「『中尊寺供養願文』は、中尊寺の衆徒が中尊寺の復興と保護を願って後世に記したという性格のものと見るべきであろう」（五味、二〇一四、二〇四頁）と結論している。思想史の観点からみるとき、「官軍夷虜の死事」という怨親平等的な供養が明確になるのは、モンゴルの襲来の頃である。清衡段階ではいささか時代的に早すぎる感があり、願文を清衡のものと認めることに、やや躊躇を覚える。それゆえ、願文をただちに清衡のものとして扱えるかどうかには、慎重さが必要である。

ただ、ここには顕密を総合する仏教のあり方が反映している点、一方で界内（現世）に仏土・浄土の実現を求めながら、他方で浄刹（来世）を願うという二重性をもって理解されていることなど、院政期以来の顕密仏教のあり方が反映されていることは注目される。

浄土の観念

浄土とは何か

そこで、浄土あるいは仏土（仏国土）とはなんなのか、簡単にみてみたい（以下、末木、二〇一三d、末木、二〇一三e参照）。今日、浄土というとほとんど阿弥陀仏の極楽浄土に特化し、浄土教というと阿弥陀仏信仰と同一視されて、阿弥陀仏の極楽浄土に往生することを願う信仰のことを意味するものと解されている。しかし、本来からいえば、現在他方仏思想の進展のなかで形成されたものであり、阿弥陀仏の浄土に限られるものではない。

もともとの仏教はこの世界の枠のなかだけで考えるので、仏陀は一時代に一仏しかありえない。しかし、大乗仏教ではこの世界の外に多くの世界を認める多世界論に立ち、多仏が認められ、それぞれの仏の教化する世界が浄土とされることになる。すなわち、この娑婆世界以外に十方に無数の仏国土があり、それぞれ異なる仏によって指導されているはずである。

ただ、そのなかで実際にある程度の信仰の広がりがみられたのは、阿弥陀仏の極楽世界のほか、阿閦《あしゅく》仏の妙喜世界、薬師仏の浄瑠璃世界など、限られている。また、日本では大日如来の密厳《みつごん》浄土、釈迦仏の霊山《りょうぜん》浄土なども信仰された。後者は、この娑婆世界のなかでも、久遠の釈迦仏が説法を続けている霊山（霊鷲山《りょうじゅせん》）を浄土とみなして、往生を願うものである。なお、釈迦仏が教化するこの娑婆（Sahā）世界は、煩悩と苦悩に満ちた穢土《えど》とされる。

日本では浄土の観念は広く応用的に理解され、本来の世界観からすれば「浄土」と呼べないような世界もまた「浄土」として理解されるようになった。弥勒仏がこの世界に出現する前に待機している兜率天は、この娑婆世界のなかの「天」であって、本来から言えば浄土ではないが、兜率浄土、弥勒浄土などと呼ばれ、極楽浄土と肩を並べて信仰された。また、観音菩薩のいる補陀《ふだ》落《らく》山も補陀落浄土と呼ばれることがある。高野浄土のように、実在の聖地が死後の浄土と考えられる場合もあった。

そこで「浄土」という言葉であるが、そのままではインドに遡れず、中国での造語である。「浄土」と訳された語の原語にはいくつか系統があるが（藤田、一九七〇、藤田、二〇〇七、田村、一九九一など参照）、そのひとつは（仏）国土（[buddha-]kṣetra）、あるいはそれと関連する語である。そこから、通常「浄土」というと、上記のようにこの世界の外に考えられた仏の理想土のことと解されるが、じつはそれだけに限らない。田村芳朗によれば、浄土には三種類が考えられるという。すなわち、在る浄土（常寂光土《じょうじゃくこうど》）・成る浄土（浄仏国土）・往く浄土（来世浄土）である（田村、一九九一）。

「在る浄土」というのは、「ただ今ここでつかまれる彼此相対をこえた絶対の浄土」（同、一四九頁）である。理想の世界は、この迷いの世界を離れて、どこか別の場所にあるのではない。この世界そのものが迷いを離れた仏の目で見れば、すべて完全な世界とされる。その源流はインド仏教にすでに見られる。すなわち、真理はこの世界の外にあるのではなく、言語分別を超えて第一義諦を体得すればそれがそのまま悟りの世界だという考え方である。その世界は、法界とも言われ、仏身論から言えば、この世界を仏の真理としての身体である法身と見る見方になる。このような見方は、中国天台で大きく発展する。天台では、『法華経』に基づいて「諸法実相」を重視し、この世界がそのまま永遠の姿で捉えられたところを「常寂光土」と呼ぶ。

この思想は、日本に入ると本覚思想においてさらに進展する。もともとの仏教思想からすれば、あくまで悟りに達して初めてこの世界の真実が捉えられるのであるが、本覚思想においては迷いのままにこの世界がそのまま真実であると考えられる。

「成る浄土」というのは、「現実の社会に浄土を現成せしめることであり、世界の浄土化を意味する」（同）。「成す浄土」「作る浄土」と言ってもよいであろう。「浄土」は「浄められた（仏）国土」（pariśuddha-kṣetra）を意味すると同時に、「仏国土を浄めること」（buddhakṣetra-pariśuddhi）、すなわち「浄仏国土」を意味する場合が少なくない。この思想は、近代においては、現世に理想的な世界を建設する仏教社会主義にも結びつくものであるが、もちろんもともとは精神的なレベルの問題である。自己の心を浄めることにより、世界全体が清浄なものとなっていくと考えられる。菩薩が仏国土を浄めることは、『維摩経』の仏国品などに典型的にみられるが、阿弥陀仏の極楽浄土にしても、仏の側からすれば発願成就して浄土を実現したのであるから、「成る浄土」に当たる。定式化した大乗の理論では、成仏することは同時に理想の仏国土をもち、衆生を救済することになるのであるから、菩薩は浄土の実現を目指すということができる。浄土思想というと、救われる側からの「往く浄土」が強調されるが、大乗仏教の菩薩の理念からすれば、「成る浄土」（あるいは「作る浄土」）のほうが浄土の本質であるともいえるであろう。

「往く浄土」は、「死後おもむくべく、来世に立てられた浄土」（同）であり、いわゆる浄土思想はこの「往く浄土」を中心として展開した。これは、「成る浄土」を救済される衆生の側から見たものである。「在る浄土」は法身的なものとして個別性をもたず、「成る浄土」はそれぞれの菩薩が各別に作るものであるが、「往く浄土」に関しては、阿弥陀仏の極楽浄土がもっとも典型とされる。

天台の四土説は仏国土・浄土を体系的に理解するのに適切なものであるが、それによると、仏国土は次の四種に分けられる（『維摩経文疏』巻一など）。

凡聖同居土《ぼんしょうどうごど》——凡夫と聖者が同居する。娑婆世界のような穢土と極楽のような浄土がある。

方便有余土《ほうべんうよど》——二乗および別教の十住・十行・十廻向の菩薩が住する。方便道を修した果報であるが、まだ無明の惑が残存する。

実報無障礙土《じっぽうむしょうげど》——無明の惑を断じた別教の初地以上、円教の初住以上の菩薩が住する。

常寂光土——常住なる仏の仏土。

仏土は実在的なものでなく、修行者の境地の進展にしたがって感得されるものであるから、境地にしたがって異なってくるのは当然である。菩薩の実践としては、なによりも「成る浄土」が重要であり、清浄な世界を作り、衆生を救済することが目指される。それは、具体的には現世で修行により境地を進め、悟りへと向かうことである。しかし、それは現世で実現できることではない。そこで、「往く浄土」としての極楽世界などに往生して、その理想の実現を目指すのである。そのような「成る浄土」「往く浄土」の全体が「在る浄土」と考えられる。それゆえ、三種の浄土は対立するものではなく、重層性をもっていると考えられる。

平安・鎌倉期の浄土観と平泉

後代の浄土教の考え方だと、法然系の浄土宗の立場が大きな影響を与えて、浄土というと「往く浄土」だけのように考えられ、「在る浄土」や「成る浄土」が無視されるようになる。しかし、それ以前にはその重層性が当然のこととされていた。たとえば、寺門の千観（九一八―九八三）は『十願発心記』を著わして衆生救済を誓い、今生で経典をあまねく学んで臨終には上品に往生するとともに、往生後は娑婆に戻って衆生の救済に従いたいと誓っている（佐藤、一九七九、末木、一九九三参照）。

本覚思想系の浄土教では、現世において「在る浄土」的な絶対性を求めるが、しかし、それによって「往く浄土」的な側面がなくなるわけではない。その重層性は『観心略要集』などの文献に明らかにうかがわれる。現世において観想を成就させ、「我身即弥陀、弥陀即我身」「娑婆即極楽、極楽即娑婆」の実現を目指すとともに、観想の成就が来世の往生を確実にするという構造が明らかである（末木、二〇一三d）。

以上のような浄土観の展開をみるならば、平泉においてもまた、それらの観念の重層が見られるのは当然である。「願文」に見られたのは、一方で「界内の仏土」を求める「成る浄土」の実現であり、それが寺刹の荘厳によって「在る浄土」として現前化するとともに、「往く浄土」としての「浄刹」が祈願される。そこにはまた、「抜苦与楽、普く皆平等」であることを求める菩薩の精神が生きている。このような重層的な浄土観念によって平泉の仏教は理解される。

ちなみに、来世に関しては、阿弥陀仏の極楽浄土だけでなく、そこに弥勒信仰もまた関わってくる。弥勒信仰には、弥勒が現在いる兜率天に往生する弥勒上生信仰と、五六億七〇〇〇万年先に弥勒がこの世界の救済にやってくるのを待つ弥勒下生信仰がある。経典を書写して経筒に入れ、山に埋めるのはこの弥勒下生信仰に基づく。藤原道長の金峰山《きんぷせん》埋経では、経筒に書かれた銘文から、まず阿弥陀仏の極楽に往生して、やがて弥勒が下生するときには極楽からこの世界に戻ってきたいという、阿弥陀と弥勒の重層信仰が示されている。平泉の金鶏山の経筒もまた、同様の信仰によるものと思われる。

従来の鎌倉新仏教中心論では、このような複合的な信仰は不純であるかのように考えられてきた。しかし、近年の研究では、鎌倉期の仏教も必ずしも単純化するわけではないと考えられ、むしろさまざまな要素を含んだ複合的な信仰の構造を理解し、再評価する方向へと進んでいる。平泉はまさしくこのような複合信仰を凝縮する形で示しており、きわめて価値高いものである。

院政期における密教と浄土

平泉の五輪塔

以上、顕教を中心として浄土・仏国土の観念の多面性を検討し、それが平泉の仏教とどのように関わるかを示した。しかし、院政期の仏教を考えるのに、顕教だけ分立させて考えることはできない。顕密は融合しており、その融合は密教を紐帯としている。それゆえ、院政期の仏教を考える場合に、密教を無視することはできない。かつての鎌倉新仏教中心論では、浄土教はたとえ密教と関連することはあっても、本質的には両者は相反するものと考えられ、現世的呪術である密教に対抗して、来世を求める信仰である浄土教がしだいに盛んになり、それが鎌倉新仏教へとつながるという見方が一般的であった。しかし、今日では、両者は対立するものではないことがわかってきている。平泉にも影響を与えた宇治の平等院もまた、決して密教を排除した浄土教ではなく、密教を考慮しなければ理解できないものである（冨島、二〇一〇）。

そこで、院政期における密教の展開を見てみたいが、その手掛かりとして、五輪塔を取り上げてみたい。平泉には現存するもっとも古い石造五輪塔が中尊寺釈尊院に現存している（大矢、

中尊寺願成就院の塔　塔身上部にくびれがある平泉型と呼ばれる宝塔。

中尊寺釈尊院の五輪塔　風輪を欠き、また空輪が落下している。

二〇一三、五九頁)。これは、風輪を欠くが、各輪にa, va, ra, (ha), kha の梵字が彫られ、五輪塔であることは確実である。仁安四年(一一六九)の銘があり、石造としてはもっとも古いものである。ただし、この銘はかなり摩滅しており、現在では読みにくい。また、二〇一六年に参観したときには空輪が落ちた状態であり、保護が講ぜられることが求められる。

そもそも五輪塔は、経典に多少のそれらしい記述はあるものの、実際には日本以外には作例はなく、日本で形成されたものと考えられている(藪田、一九七〇)。応徳二年(一〇八五)銘の銅製五輪塔が慶長一一年(一六〇八)に上醍醐の円光院跡から掘り出されたというのが、最古のものと考えられる(勝田、二〇一二、一六九頁)。また、法勝寺趾から発見された軒丸瓦や軒平瓦の瓦当にも描かれており、保安三年（一一二二）建立の法勝寺小塔院の屋蓋に使用されたと考えられている（薮田、一九七〇、三頁。川勝政太郎稿）。

中尊寺の五輪塔は、このような院政期仏教の中央の動向がいち早く平泉に取り入れられたことを示している。なお、願成就院には、五輪塔ではないが、近い形態の宝塔型、または宝瓶型の石塔もあり、四面に金剛界四仏の梵字を記している（大矢、二〇一三、六〇頁）。常住院石塔も同様の形式である（同）。これらは、五輪塔の形式が固まる過程の形成期の塔の形と考えられる。

塔の思想

五輪塔の問題は、単に遺品があるというだけではなく、院政期の思想を考えるうえで、きわめて重要な意味をもっている。とりわけ覚鑁（一〇九五―一一四四）によって五輪思想が集大成され、五輪塔が理論的に基礎づけられたことが重要である。

まず、塔ということ自体が注目される。六勝寺などの院政期の造寺に当たって重要な意味をもつ巨大な塔が作られた。平泉においても、中尊寺の中核をなすのは、二仏並坐の多宝塔であり、それは奥大道の笠卒塔婆によって、奥州全体が聖化され、さらにその中心という意味をもつものであった。また、「願文」の大伽藍には、「三重の塔婆三基」が設けられたという。このように、塔（塔婆、卒塔婆）は、平泉の寺院にとってきわめて大きな中核的な役割を果たすものであった。五輪塔もまた、そのような塔の信仰と無関係でない。

塔という言葉は、もともとの中国語にはなく、ストゥーパ（stūpa）の音写語として用いられるようになった。塔婆・卒塔婆も同じ語の音写語である。ストゥーパは、仏塔と言われ、ブッダの遺骨（舎利 śarīra）を祀るために築かれた塚である。舎利八分と言われるように、仏の遺骨は八つに分けられ、有力な種族に配分された。彼らはその遺骨を丁重に葬り、そこに塚を築いた。それが仏塔（ストゥーパ）として、信仰の拠点となった。舎利信仰、仏塔信仰はその後、大きく発展し、とくにアショーカ王がインド各地に仏塔を立てて仏教信仰の拠点としたことはよく知られている。のちには、仏だけでなく、亡くなった高僧のためにも塔が築かれた。

理論的に考えると、もともとブッダの涅槃が物質性をすべて超越したものとするならば、遺骨崇拝はなんの意味ももたないはずである。ブッダは、自身が涅槃に入った後に存在するか否かを問うことを、無意味な問いとして否定した。それゆえ、仏塔信仰、舎利信仰は初期仏教の理論では基礎づけられないが、実際信仰が理論を超えて進展することになった。そこから逆に現世的な生存を超えたブッダの永遠性という問題が立てられ、やがて大乗仏教の中核的な理論を形成するようになった。阿弥陀仏の極楽浄土にしても、『法華経』の久遠実成《くおんじつじょう》の釈迦仏にしても、初期仏教の理論では解明できない、現世を超えたブッダのあり方を示すものである。

その際、永遠という問題は、死を超えることであり、媒介としての死が大きな問題となることに注意しなければならない。阿弥陀仏の極楽浄土は死後に往生する世界として立てられたものである。また、多宝塔の多宝如来は、教学的には法身とされるが、『法華経』見宝塔品の文面で見るかぎり、死後のミイラ化した姿であり、多宝塔はブッダの遺骨を埋めたインドの原型的なストゥーパで、それが割れて出現するのであるから、墓地から出現したと見ることができる。そのような死者としての仏が生者としての釈迦如来と並んで一体化することで、寿量品の久遠実成の釈迦如来が実現するのである（末木、二〇一四a、九一頁）。中尊寺の中核にこのような二仏並坐の多宝寺（塔）が建てられたことは、その点で重要である。

インドにおける仏塔信仰の影響は東アジアにも及ぶことになった。舎利は功徳の大きいものとして礼拝対象となり、しばしば舎利が出現したり、増加したりする奇蹟が起こって、信者たちの信仰心を高揚させた。仏塔はもともとの土饅頭型から、五重塔に見られるような丈の高い楼閣的な姿に変わるが、寺院の中核をなし続けた。それだけでなく、仏の遺骸、高僧の遺骸以外にも、仏像を安置したり、さらに発展して、一般の信者の墓標ともなっていった。そのような普及を可能にしたのが、院政期以来の五輪塔の流行であり、覚鑁《かくばん》の『五輪九字明秘密釈』における理論的基礎づけが大きな役割を果たした。

覚鑁の五輪思想と浄土教

五輪は、世界を構成する地・水・火・風・空の五要素（五大）であり、空海の六大説から精神的要素である識を除いたものである。この五大に陰陽五行説的な要素が加味され、さまざまな要素が結び付けられることになる。それについては、第五章に述べたので、ここでは詳細は省略するが、そこにも述べたように、この五輪に仏の梵字、行者の身体の五臓、世界の方位などが結び付けられることで、塔はまさしく仏＝世界＝身体の統合された場と見ることができ、世界の中心的な意味をもつことになる。とりわけ、五臓との関係は、身体を観想の対象とすることで、仏の世界に一体化する即身成仏の行法として発展することになる。それは、五臓曼荼羅と呼ばれる図像をともなった形で広く展開される。そのような身体への内観は、さらに胎内五位説とも結びつけられて、日本密教独自の身体論へと発展した。

注目されるのは、まさしくこのような身体論の展開が、同時に五輪塔の普及による死者供養と結びついていることである。もともと塔はブッダの遺骨を祀ったものであるから、現世を超える永遠性を意味する。それゆえ、五輪塔が生者の身体のシンボルであると同時に、死者の身体のシンボルともされることは不思議ではない。生者が仏と一体化すると同時に、死者もまた仏と一体化して、成仏することが可能となる。そこに、のちに発展する葬式仏教の理論的根拠が形作られることになる。すなわち、五輪によって全世界を含むのであるから、現世の枠を超えて、六道を含む死者の世界をも含み込むことになる。

ところで、『五輪九字明秘密釈』に関して、もうひとつ注目されるのは、そこに阿弥陀仏信仰が包摂されていることである。「五輪九字」の「九字」は阿弥陀の真言であるoṃ, a, mṛ, ta, te, se, ha, ra, hūṃであり、そこで阿弥陀仏信仰を密教的な観点から説明している。そこには、次のような問答が見られる。

> 問ふ、五輪門に依る機にいくばく種かある。答ふ、二種の機あり。一には上根上智、即身成仏を期す。二には但信行浅、順次往生を期す。この行者についてまた多あり。正しくは密厳浄土に往生し、兼ねては十方浄土を期するあり。（宮坂、一九七七、二一八頁）

すなわち、上根上智の者は現世で即身成仏を期するが、但信行浅の者は来世往生を求めることを認めている。覚鑁は、『阿弥陀秘釈』では、「娑婆を厭うて極楽を欣び、穢身を悪んで仏身を尊ぶ。これを無明と名づけ、また妄想と名づくなり。たとひ濁世末代なりといへども、常に平等法界を観ぜば、あに仏道に入らざらんや」（同、一五二頁）と、来世に極楽往生を願うこと（「往く浄土」）を批判し、現世で「平等法界」の体得（「在る浄土」）を目指すべきだとしている。

それだと、来世往生が否定されるようであるが、『五輪九字明秘密釈』では往生を認めている。同様に『密厳浄土略観』では、観法を深めることで、現世がそのまま大日如来の密厳浄土として現れるとする。すなわち、「草菴、金場に変じ、穢土すなわち浄刹なり」（同、一五六頁）となるのであり、それは「在る浄土」ということができる。しかし他方で、「もしまた願行浅弱にして、機縁いまだ熟せざるをば、しばらく応化の浄土に安む。次に法性の妙国に迎へ、時に応じて九界の迷因を超えて、即身に三密の仏果を開かしむ」（同）という段階性を認めている。『一期大要秘密集』には、具体的な臨終の用心から、没後の追善にまで説き及んでいる。このように、「在る浄土」を基本としながら、他方でいわば次元の低いものとして「往く浄土」を認めるという構造になっている。ちなみに、「在る浄土」を体得する瞑想の過程に「成る浄土」が含まれることになる。このような形で、三種の浄土が生かされることになる。

以上、覚鑁の思想について概観した。覚鑁自身は高野山を追われており、その思想が直接に院政期のさまざまな密教の動向に影響したかどうかは、なお検討を要する。それゆえ、平泉にも覚鑁の影響が直接にあったとは言えないであろう。しかし、密教による浄土教の包摂や五輪塔による世界の統合など、院政期密教の動向を、覚鑁は思想次元においてもっとも的確に反映し、表現したと考えられる。覚鑁によって典型的に示されたような院政期の密教浄土教が、中尊寺を中心とする平泉の構想の思想的基盤となっていたということは、十分に考えられることである。

平泉の構想

そこで、平泉の場合をもう少し考えてみよう。平泉、とりわけ中尊寺を中核とする清衡の構想は、曼荼羅的に広がる世界を中核となる中尊寺に集約する構造をもっている。そのなかでも中心となる多宝寺は、実際には塔的な性格をもって、多宝如来と釈迦如来の並坐は、死者の世界と生者の世界を統合する性格をもつものである。そのような性格をもつことで、後発の毛越寺や無量光院を統合するようなものと考えることができる。また、俗なる政治的、あるいは生活的な空間もまた、聖なる世界に統合されていくと見ることができる。その点で、院政期密教の理念を具体化しているということができる。そこに古い石造五輪塔があるのは偶然ではなく、それをも含んで、総体として院政期に展開する密教的総合性を体現していると考えることができる。

院政期に発展した白河や鳥羽の地は、京の周縁に新しい宗教施設を軸としつつ政治機能を併せた都市として形成されたが、既存の京が前提とされていて、それから自立した都市とは言えない。むしろ京の都市構造の崩壊のなかに、その周縁に出来上がった宗教都市空間と考えられる。それに対して、平泉は宗教施設を核としながら、それ自体が自立した都市構造をもち、しかも単に平泉という場のなかに局限されるのではなく、奥大道の笠卒塔婆に見られるように、国土全体の聖化の中核として平泉が位置するという構造が明白である。

こうしてすべてが統合されるなかに、金色堂もまた位置づけられる（金色堂については、菅野、一九八八—八九参照）。三体の遺体を堂内に安置するという特異な構造は、前述のように、死者が生者とともに中心に置かれる多宝塔や、死者の世界も統合される五輪思想から考えれば、特異なものではない。堂塔に遺体を葬るという形式は平安中期以後、見られるようになる形式である（勝田、二〇一二、一六五頁）。また、平安中期には、空海が死んだのではなく、高野山奥の院で入定して弥勒の下生を待っているという入定信仰が広まる。異世界ではなく、この世界に死者もまた位置づけられ、聖化されるという発想である。しかも、他の堂が廃されて行くなかで、金色堂だけが中尊寺のシンボル的な意味をもって残るのは、現世に死者のいる場所が逆に世界の中心的な意味を持ってくるからと考えられる。空海が即身成仏して入定しているとすれば、金色堂の清衡たちは往生した姿でこの世界に降り立っているものと考えられるのである。

東・北アジアの仏教と平泉

東・北アジアの動向と院政期仏教

近年、院政期における仏教の転換に、東・北アジアの動向が大きく関わっていることが明らかになってきている。ここで、なぜ東アジアだけでなく、北アジアが問題になるかというと、唐・宋代には渤海（六九八—九二六）、遼（九一六—一一二五）、西夏（一〇三八—一二二七）、金（一一一五—一二三四）など、漢民族と異なる民族が北方で勢力をもって国家を樹立し、漢民族の国家と対抗していた。それらの国家との交流は、唐・宋の陰に隠れて見えにくいが、近年、それらとの関係がしだいに注目されるようになり、とりわけ仏教に関して言えば、遼（契丹）との関係の重要性が認識されるようになってきた。このことは、平泉の仏教を考えるうえでも無視できないところがあるので、その点を少し考えてみたい。

一二世紀の日本の政治・社会体制と仏教が、東・北アジアの動静と同時的であることは、上川通夫によって次のように指摘されている。

十二世紀の初頭、摂関家を抑えて権力中枢を握った白河院は、真言密教の国家的位置を一挙に引き上げる事業を軸に、顕密双ぶ日本仏教を養成した。顕密主義・顕密仏教と呼べるのは、この期からであろう。金の軍事力による、遼・北宋の滅亡と高麗・西夏の服属という、一連の大変動は、中世仏教の形成過程と共時的である。平安京を核とする大伽藍や、顕在・秘密の諸仏事などは、興亡甚だしい近隣諸王朝にとって代わって、汎東アジア的仏教の拠点を自国首都に据える意味づけをもっていた。（上川、二〇〇七、四四八頁）

上川の描く図式が全面的に成り立つかどうか、とりわけ引用の最後のあたりはなお検討を要しようが、このころの大陸の情勢が院政期仏教に大きな影響を与えたことは十分に考えられる。顕密の隆盛は、大陸の仏教の変貌や衰退に対して日本の誇るべきこととして積極的に打ち出されてきた。そのようなかで天竺―震旦―本朝という三国仏法観も形成されていく。その三国仏法観について、手島崇裕の次の指摘は適切であろう。

三国仏法観の特徴として、三国以外の国・地域を大胆に捨象し、現実的な国際環境に対する認識とは必ずしも合致しない観念である点が注目される。……ひとまずは、顕密仏教をイデオロギー的支柱と位置付けた中世国家の、不可避的に対峙すべき仏教国天竺・震旦と、その対峙によってこそ際立つ、自らが主宰する本朝とを《世界》として捉える観念として見出され、確立したものと看做すことはできよう。（手島、二〇一四、二九四頁）

手島の言うように、三国史観が形成されるなかで、天竺（インド）・震旦（中国）と並ぶ形で日本が位置づけられ、それ以外の中央アジア、北アジア、朝鮮半島などが隠されていくことになる。遼の仏教との関係が見えにくいのも、そのような理由による。

平泉の仏教もまた、このような時代情勢のなかにおいて考えることができる。中央の院政が複雑な政治情勢や既存の仏教勢力のなかで屈折した形を取っていくのに対して、平泉はそれと適度な距離を保ちつつ対抗することで、より純粋な形で顕密仏教を中核とした宗教・政治体制を確立するのである。平泉の仏教が国際的な視野をもっていたことは、いち早い宋版大蔵経の請来や五台山形式文殊像、さらには紺紙金銀字交書一切経も五台山に範があることなどから十分にうかがわれる。五台山は、金の支配下に入ることで、実質的な往来は不可能となるが、それだけに「五台山が到達不可能性を伴う聖地となっていった」（手島、二〇一四、三一二頁）のであり、平泉もまたそのような動向を如実に反映している。

遼の仏教との関係

先に述べたように、遼の仏教は院政期の仏教と密接な関係があるので、その点についてもう少し触れておきたい。遼の仏教が華厳と密教を中心とすることは広く認められている（藤原、二〇一五など）。漢民族の仏教が密教的な性格を失っていくのに対して、遼においては顕密の双修が特徴とされる。横内裕人は、次のように指摘する。

北宋における禅の隆盛、南宋期における密教の比重低下。一方の遼仏教における顕密の双修の強調。これは唐の正統性の継承を強烈にアピールした遼の特性であろう。その点でみると正統性保持を自覚した日本の顕密体制は、遼における顕密双修の立場に近似するようにもみえる。（横内、二〇〇八、四三三頁）

ただし、横内がそれに引き続いて指摘するように、「しかし、これを遼仏教の直接的導入・模倣の結果とみる必要は必ずしもない」（同）のであり、たしかに「日本と遼とを結ぶ物的証拠をあげることは可能である」が、「日本における遼文化の直接的影響は、ついに日本仏教の本流たりえなかった」（同）のである。

そのように直接的な影響関係は限定されているが、顕密双修という点で、遼と日本の仏教の近似性は否定できない。宋において密教的な要素が衰退するのは、おそらくは儒教を国家の中心的イデオロギーとして採用することで、仏教の国家的役割が減退し、密教の果たしてきた国家的儀礼とその統合的な世界観が不要となったことによるところが大きいであろう。公的な儒教に対して、知識人の私領域における仏教は、儒教と対となるような合理化された禅が採用されるようになる。密教は民衆のレベルで、道教と習合しながら継承されることになったと考えられる。それに対して、周縁の異民族国家は仏教を国家的なイデオロギーとして維持することにより、密教が重要な役割を果たすことになったと考えられるのである。遼と日本の仏教の近似性は、このような観点から説明できよう。平泉は、日本のまた周縁に位置することで、そのような構造がより明確になるのである。

遼の仏教の日本への思想的な影響に関しては、私はかつて多少論じたことがあった（末木、一九九八）。ここでは、ごく簡単に触れることにしたい。第一に、高麗大蔵経の続蔵経に収録された遼の仏典が日本に請来されていることが注目される。横内裕人によると、日本に伝来する続蔵経は、以下の八種であるという（横内、二〇〇八、三七一頁）。

①唐・慈恩基『阿弥陀経通賛疏』大安五年（一〇八九）刊
②唐・澄観『大方広仏花厳経随疏演義鈔』大安一〇（一〇九四）〜寿昌二年（一〇九六）刊
③唐・澄観『貞元新訳花厳経疏』寿昌元年（一〇九五）刊
④遼・道殿『顕密円通成仏心要』寿昌三年（一〇九七）刊
⑤遼・法悟『釈摩訶衍《しゃくまかえん》論《ろん》賛玄疏』寿昌五年（一〇九九）刊
⑥遼・志福『釈摩訶衍論通玄鈔』寿昌五年（一〇九九）刊
⑦遼・覚苑『毘盧遮那神変経演密鈔』寿昌元年（一〇九五）刊
⑧唐・慧祥『弘賛法華伝』天慶五年（一一一五）刊

①と⑧は厳密には続蔵には入らない。澄観の著作②③は遼代仏教の基礎となるものであるから、日本に伝承された続蔵は、なによりも遼代仏教を伝えているという点で大きな意義があった。注目されるのは、これら、およびそれ以外でも鮮演『華厳経談玄決択』の写本が高山寺にあり、明恵教団がその受容に熱心だったことである（末木、二〇一四b、九九頁）。明恵は新羅華厳を積極的に受容しており、周縁的な動向の受容に熱心だったことが知られる。

これらによってうかがい見ても、遼の仏教が華厳と密教を中心とするものであったことが知られる。そのなかでも、『釈摩訶衍論』が重視されていたことは注目される。『釈摩訶衍論』は『大乗起信論』の龍樹による注釈という体裁を取っているが、新羅系の華厳において成立したのではないかと考えられている。空海が十住心の体系を作る際に活用したことで知られている。

そのような経緯で、日本でも主として真言系において研究されることになり、密教と関係することになった。その間における遼の教学の受容がどのようになされているか、今後の研究課題である。

上記のうち、④『顕密円通成仏心要（集）』は、経典の注釈と異なる独立した著作であり、理論的に顕密の双修を説いた数少ない著作のひとつである。日本でも顕密の議論はなされるが、空海の『弁顕密二教論』を範として、密教の顕教に対する優位性を論ずるのが一般的であり、顕密の双修を正面からうたう著作は少ない。本書はその点を正面から論じている点で注目される。この場合、顕教としては遼仏教の特徴である華厳が中心に考えられている。他方、密教に関しては、准提真言を勧めるが、在家者にも可能な易行であることを強調していることが注目され、院政期の密教が阿字観などの観法を在家者に向かって説くようになることと近似性がある（末木、一九九八）。しかし、それと直接の影響関係があるとは考えられない。

このように、遼の仏教は日本の院政期の仏教と類似性が見られ、その文献も積極的に請来されている。院政期仏教に直接大きな影響を与えたわけではないが、限定された範囲では影響も見られる（塚本、一九七四など参照）。ただ、平泉とは直結しないように思われる。しかし、そうではあっても、上記のように、中国の周縁的な動向として見るとき、共通するものがあり、東・北アジアの全体的な動向のなかで、平泉の仏教も位置づけて考える必要があるであろう。上述のような五台山の影響などを考えるとき、平泉の仏教世界は、日本の枠に留まらない汎アジア的な広がりをもっているのである。

終章

歴史：神話／歴史／天皇

万世一系論の陥穽

万世一系論の根拠

二〇一六年には天皇の生前退位問題が起こり、それにあわせて、象徴天皇ということも改めて問い直されている。日本国憲法第一条には、「天皇は、日本国の象徴であり日本国民統合の象徴であって、この地位は、主権の存する日本国民の総意に基く」と謳われているが、そこで言われている「象徴」とはなんなのか、これまで十分に議論されてこなかった。天皇の問題になると、どうも及び腰になり、なかなか本格的な議論とならない。

それに対して、大日本帝国憲法では、第一条に、「大日本帝国ハ万世一系ノ天皇之ヲ統治ス」と規定され、さらに第三条では、「天皇ハ神聖ニシテ侵スヘカラス」とされている。これは一見明快なようにみえるが、じつはそれほどはっきりしたことではない。

「万世一系」ということはどういうことなのだろうか。帝国憲法の公式の注釈書ともいうべき伊藤博文著『憲法義解《けんぽうぎかい》』では、「恭《つつしみ》て按ずるに、神祖開国以来、時に盛衰ありと雖《いえども》、世に治乱ありと雖、皇統一系宝祚《ほうそ》の隆《さかえ》は天地と与《とも》に窮なし。本条首《はじ》めに立国の大義を掲げ、我が日本帝国は一系の皇統と相依て終始し古今永遠に亙り、一ありて二なく、常ありて変なきことを示し、以て君民の関係を万世に昭かにす」（岩波文庫本、二三頁）と説明している。日本帝国はまさしく一系の皇統と一体のものであり、それは「古今永遠に亙り」、天地とともに窮まりがないのである。

さらに、『義解』では、天皇統治の根拠として、「古典に天祖の勅を挙げて「瑞穂ノ国ハ是レ吾カ子孫可レ王之地宜爾皇孫就《ユキ》而《テ》治《シラセ》焉」（瑞穂の国は是れ吾が子孫、王たるべきの地なり。宜しく爾皇孫就《ゆき》て治《しら》せと云へり」（同）と述べている。これは『日本書紀』巻二の天孫降臨の段の一書（本文ではなく、異本）に出るもので、天孫ニニギが地上に下るときの天照大神の詔勅である。このあとに、「宝祚の隆えまさんこと、当に天壌《てんじょう》と窮り無けん」と述べられているので、「天壌無窮《てんじょうむきゅう》の神勅」とよばれている。

ここからわかることとは、憲法の第一条がそれ自体で自立的に明白なことではなく、その根拠を神話に置いているということである。大日本帝国は近代的な立憲君主国として欧米諸国の仲間入りをしようというのであるが、その第一条からして、じつは神話に根拠を求めなければ成り立たないという大きな問題を抱えていた。すなわち、天孫降臨を事実として認めなければ、憲法が成り立たなくなるのである。

記紀神話の特徴は、神話がそれだけで完結せずに、そこから歴史に継続していくところにある。

ニニギはアマテラスの子のアメノオシホミミの子であり、高天原《たかまがはら》から日向《ひゅうが》の高千穂に天降《あまくだ》る。そこからただちに歴史時代に入るわけではなく、ホヲリ、ウガヤフキアエズの二代を経て、そのあとにカムヤマトイワレヒコ、すなわち神武天皇になるのであり、『古事記』も『日本書紀』もそこまでを神代としている。

このように、『古事記』でも『日本書紀』でも、神代と歴史とのあいだには一線を引いているが、にもかかわらず、初代天皇の神武は天孫降臨したニニギの曽孫であり、それゆえに、天皇家はアマテラスの子孫ということになる。支配者が神の子孫だというのは、さまざまな民族にみられることであるが、それを近代国家の存立の根拠にしているのは、ほかにはないのではないだろうか。ヨーロッパの王国は王権神授説を取る場合も多いが、神によって承認された王権ということであって、王自身が神の子孫というわけではない。中国の場合もそれに近く、王権は天の承認を必要とするが、悪政を行なえば天から見放され、王朝が変わる。易姓《えきせい》革命とよばれるものである。朝鮮では、檀君《だんくん》を祖先とする説があるが、檀君は神話的人物ではあっても、神とは異なる。

それに対して、日本はまさしく近代国家の基礎を神話に置き、神から王権への連続性を国家の根本的アイディンティティとした。それが「国体」とよばれるものである。国体についての基本的な観念を国がまとめた『国体の本義』（一九三七）では、「大日本帝国は、万世一系の天皇皇祖の神勅を奉じて永遠にこれを統治し給ふ。これ、我が万古不易の国体である」（文部省、一九三七、九頁）と、この点を明確に述べている。ここでいわれる「皇祖の神勅」が、「天壌無窮の神勅」にほかならない。

すなわち、万世一系論は、ひとつには天皇がアマテラスの直系の子孫であるという系譜論的な正統性とともに、それだけでなく、もうひとつにはアマテラス自身が、みずからの子孫がこの国の永続的な支配者であることを「天壌無窮の神勅」によって保証したという、二重の神話的根拠に基づいているのである。

万世一系論と歴史学

近代国家のいちばんの存立根拠が、神話の、それも一異本にあるというのは、いかにも危うい綱渡りのようなことである。もっともそれだけであるならば笑い話でもすみそうであるが、厄介なことは、近代的な歴史研究が形成される過程で、天孫降臨をどう扱うかということが、大きな問題にならざるを得なかったことである。もちろん神武の実在性自体が歴史学的に認めがたいことであるが、もしそれでも無理をしてその実在を認めたとしても、こんどはその前提としての天孫降臨をどう解釈するかという問題にぶつかることになる。

天孫ニニギは高天原から降り立ったのであり、それまでの国土の支配者はオオクニヌシであったが、ニニギに国を譲ったとされる。それゆえ、日本の国土には原住の支配者がいて、天孫はあとから入ってきたことになる。その際の高天原とはなんであろうか。じつは明治三〇年代に新しい学問が導入されるなかで、日本神話をどのようにみるかという論争があった。それは、神代巻を神話とみるか、それとも歴史とみるか、という議論である（末木、二〇一〇b、I—2）。

神話は神話だと割り切れば、いちばんわかりやすいが、それでは天孫降臨までもが神話であって、事実とは認められず、そうなると神武の実在も怪しくなってしまう。そこから、神話は神話ではなく、じつは歴史だという説が有力になっていった。もちろん神話をそのまま歴史的事実と認めるというのではなく、きわめて古い時代の事実が変形され、神話化して伝えられたとみるのである。つまり高天原は、はるか昔の歴史的事実の記憶があたかも神話であるかのように語られたもので、現実には高天原時代とでもいうべき過去の時代があったと考えるわけである。

その際、騎馬民族説のように、外来の民族が日本を侵略したと考えればいちばんわかりやすいが、それだと「国体」もまた外来のものということになって、日本古来の民族の一貫性という一線が守られなくなってしまう。こうして日本の古代史や神道史は二重三重に束縛をかけられ、ほとんど超歴史学か偽史ともいえるような、怪しげなわけのわからない領域になってしまうのである。それに対して、津田左右吉のように、古代史を冷静に文献に基づいて批判的に検討する学者もいたが、その著書は発禁となり、早稲田大学を辞職に追い込まれて、沈黙せざるをえなかった。万世一系論は、もっとのちの時代に関しても歴史をそのまま反映したものではないために、無理をしなければならないところが少なくなかった。その最大の問題が南北朝正閏《せいじゅん》論といわれる問題である。

いわゆる南北朝時代は、二つの朝廷が並立していたのであり、これでは万世一系に反することになってしまう。この問題はじつは近世以来議論されてきたことであったが、明治期には国定教科書でも両朝並立論が書かれていた。ところが、明治四四年（一九一一）に大逆事件が起こり、それにあわせてマスコミの追及を受けることになって、帝国議会で南朝を正統とする決議がなされ、最終的に明治天皇の裁断で、南朝が正統とされるにいたった。

これ以後、楠木正成《くすのきまさしげ》らは忠臣、足利尊氏《あしかがたかうじ》らは逆臣と色分けされることになる。歴史解釈はアカデミズムの場ではなく、まさしく政治の場で決められるべき問題となったのである。

神話と歴史の解釈史

中世の歴史論と天皇

日本において、歴史をはじめて思想的な問題として捉えたのは慈円《じえん》（一一五五—一二二五）の『愚管抄《ぐかんしょう》』であった。慈円は摂関家の出身で天台座主《てんだいざす》にまで上り詰め、武家政権の樹立と承久《じょうきゅう》の乱（一二二一）という危機的な状況のなかで、この国の過去と未来に正面から向き合い、その「道理」を求めなければならなかった（『愚管抄』と『神皇正統記』については、末木、二〇〇八、第十章参照）。

『愚管抄』は神武以来の歴史を扱い、神代は問題にしていない。しかし、その歴史は神々抜きの人間だけで動かせるものではない。ここでは、「日本国ノナラヒハ国王種姓ノ人ナラヌスヂヲ国王トハスマジト、神ノ代ヨリ定メタル国ナリ」（岩波文庫本、二九七頁）としながらも、「万世一系」的な発想はない。むしろ、百王説を採用して、「スデニノコリスクナク八十四代ニモナリケル」（同、八九頁）と、天皇の有限性を前提としている。ただ、天皇の祖先であるアマテラスが藤原氏の祖先であるアマノコヤネに対して、「ヨクフセギマモレト御一諾」（同、二九八頁）があったとして、その君臣関係を神同士の契約に求めていることが注目される。

もうひとつ注目されるのは、神代から歴史へと移ることで、神々の歴史への関与がなくなるわけではない点である。人間がつくる歴史は「顕《けん》」の世界であり、「顕ニハ武士ガ世ニテアルベシト宗廟ノ神モ定メ思食《おぼしめし》タル事ハ、今ハ道理ニカナイテ必然ナリ」（同、二七一頁）としながらも、「其上ハ平家ノヲホク怨霊モアリ、只冥《みょう》ニ因果ニコタヘユクニヤトゾ、心アル人ハ思フベキ」（同）と、平家の怨霊をはじめとする「冥」の世界に対応していくべきことを求めている。「冥」は人間にはうかがい知られない神々の秩序であるが、「顕」と「冥」の関係こそ、歴史をつくっていく原理である。慈円は歴史を七段階に分ける。

1、「冥顕和合シテ、道理ヲ道理ニテトヲス」（同、二九三頁）。最初の時代であり、神武から一三代まで。

2、「冥ノ道理ノユク〳〵トウツリユクヲ、顕ノ人ハヱ心ヘヌ道理」（同）であり、仲哀《ちゅうあい》から欽《きん》明《めい》まで。

3、「顕ニハ道理カナト、ミナ人ユルシテアレド、冥衆ノ御心ニハカナハヌ道理」（同）であり、必ず後悔することになる。敏《び》達《たつ》より御一条院の道長の時代まで。

以下は、冥は出てこない。第四は、自分たちではよい道理だと思っても、智者が出てきて反省させられる時代で、頼通《よりみち》から鳥羽院まで。第五は、初めから意見が対立するが、道理が勝つ時代で、武士の頼朝の時代まで。第六は、僻事《ひがごと》が道理となっていく時代で、後白河院から後鳥羽院まで。第七は、道理がわからなくなって後のことも考えずに行う時代で、これが今の時代であり、「今ハ道理トイフモノハナキニヤ」（同、二九五頁）と、悲観的な時代認識となっている。

『愚管抄』と併称される中世の歴史書の代表が、北畠親房《きたばたけちかふさ》（一二九三—一三五四）の『神皇正統記《じんのうしようとうき》』である。親房は南北朝の動乱時代に一貫して南朝方について、その指導者として活躍した。『神皇正統記』は、「大日本国は神国なり」（岩波文庫本、一五頁）で書きはじめられていることでよく知られている。これ以前も神国の思想はあったが、それは本地垂迹《ほんじすいじやく》に基づくもので、必ずしも日本の優越を意味するものではなかった（佐藤、二〇一四）。

ところが、親房では日本優越の宣言とされる。それは単純に日本の神々が守っている国という意味ではない。親房はこれにつづけて、「天祖はじめて基をひらき、日神ながく統を伝給ふ。我国のみ此事あり。異朝には其たぐひなし」（岩波文庫本、一五頁）と述べている。すなわち、天祖アマテラスの子孫がその血統を伝えていることこそ、日本が神国たるゆえんであり、日本の誇るべきことなのである。

しかし、親房の特徴とすべきは、単に血統による優越を誇るだけでなく、むしろだからこそ、帝王は徳を積み、人びとの幸福に努めなければならないと、帝王の道徳性を強調し、戒めていることである。たとえば、「君は尊くましませど、一人をたのしませ万民をくるしむる事は、天もゆるさず神もさいはひせぬいはれなれば、政《まつりごと》の可否にしたがひて御運の通塞《つうそく》あるべし」（同、一五七頁）と言われている。すなわち、帝であるからそれで安閑としていればよいのではない。だからこそ、そこには重い責務が課せられ、その道徳性に背けばその命運はつづかない。「十善の戒力にて天子とはなり給へども」（同、一一二頁）と、帝王の位に生まれることは、前世の善によるものという仏教的な意味づけもなされている。

それゆえ、仏教も排撃されるわけではない。「仏教にかぎらず、儒・道の二教乃至《ないし》もろ〳〵の道、いやしき芸なでもおこしもちいるを聖代といふべきなり」（同、一〇二頁）といわれるように、そこで理想とされているのは、あらゆる文化の華が開く「聖代」である。そこには徳治主義的な帝王学が生きているのである。

近世の歴史論と天皇

近世は多くの歴史書が書かれ、歴史の時代ということができる。幕府の命による林羅山《はやしらざん》・鵞峯《がほう》親子による『本朝通鑑《ほんちょうつがん》』、水戸藩の総力を挙げた『大日本史』など、権力の正統性を証明するとともに、政治の指針は歴史に求められた。歴史書の編纂には主として儒者が当たり、そこに儒教的な理想が反映するとともに、のちにはしだいに中国と異なる日本の独自性を強く打ち出すようになっていく。

儒教の精神は、もともと合理主義的な現世主義を強くもつものであった。その点を徹底させることで、スキャンダラスな話題を提供したのが、林羅山(一五八三―一六五七)の「神武天皇論」(『羅山先生文集』二五)であった。それは、神武を呉《ご》の太伯《たいはく》の子孫とする説であった。泰伯(太伯)は周の文王の父季歴の兄であったが、季歴に国を譲るために国を去り、南方の未開の地に呉を建てたという。『論語』泰伯篇でも孔子によって称賛されている。

羅山はまず、「東山の僧円月〈字中巌、中正子と号す。妙喜庵を剏建《そうけん》す〉、嘗《かつ》て日本紀を修す。朝議協《かな》はずして果さず。遂に其の書を火《や》く。余竊《ひそ》かに円月が意を惟《おも》ふに、按《あん》ずるに諸書、日本を以て呉の太伯の後と為《な》す」(京都史蹟会編、一九一八、二八〇頁)と、その説が南北朝期の禅僧中巌円月(一三〇〇―一三七五)によって唱えられたとし、しかし、朝廷から批判を受けて、その書を焼いたと、その説が日本で受け入れがたいことを記す。羅山はそれをあえて取り上げようというのである。

中国南方の呉であれば、「其の子孫、筑紫に来る、想ふに必ず時の人以て神と為ん。是れ天孫《あめみま》日向高千穂の峰に降《あまくだる》の謂《い》ひか」（同）という可能性も考えられる。外来の異人を客人《まれびと》神として崇めたのが、天孫降臨だというのである。その説は「牽強付会、此《かく》の如《ごと》しと雖《いえ》ども、而《しか》も其《そ》の理有るに似たり」（同）と、それなりに合理性をもっている。たしかに天孫が天から降ったとみるよりもわかりやすい。羅山は、もし天孫が降臨したのであれば、なぜ国の中央でなく、九州に降る必然性があったのかと、疑問を呈している。このような説は、近代における神話を歴史化して解釈する方法の先駆をなすものといえる。

こうした儒教の鋭い合理的、批判的な精神は、のちに新井白石（一六五七―一七二五）らに受け継がれるが、必ずしも主流となったとはいえない。そもそも羅山のこのような説に対抗して『大日本史』が書かれるようになったのであり（野口、一九七九、三九頁）、当時から抵抗が強かったことが知られる。

野口武彦がいうように、近世の歴史家が古代神話に対して取った態度には二つあった。ひとつは、白石のように、「徹頭徹尾これに合理主義的思考の光を投げかけるという立場であり」（同、四一頁）、もうひとつは、宣長《のりなが》や後期水戸学派のように、「不合理ゆえにわれ信ず」（同）というものであった。前者が中国と共通する普遍的な「理」の追求に向かうとすれば、後者はその「理」

に回収されない日本の独自性を求め、やがて「国体」の発揮にいたる。

その大きな一歩を進め、尊王攘夷運動のイデオロギー的基礎を与えたのが、会沢安《あいざわやすし》（正志斎《せいしさい》）であった。その著『新論』は、文字どおり「国体」の章を最初に置き、「夫れ天地剖判し、始めて人民有りしより、天胤、四海に君臨し、一姓歴歴、未だ嘗て一人も敢て天位を覬覦《きゆ》せしもの有らず」（岩波文庫本、一三頁）と、「天胤」が変わることなく天下を治めてきたことに、国の存立の基盤を求める。

そこでは、北畠親房にみられたように、帝王ゆえに国内の政治に徳治が求められるのではなく、「西荒の蛮夷、脛足の賎を以て、四海に奔走し、諸国を蹂躙し、眇視跛履《びょうしはり》、敢て上国を凌駕せんと欲す」（同、九頁）という危機的状況のなかで、「天日之嗣《あまつひつぎ》」たる天皇を奉ずることで世界のなかに打って出ようという気迫に満ちている。新しい時代の新しい天皇論の出発であり、まさしくそれが明治の万世一系論につながるのである。

象徴としての天皇へ

本章の最初に述べたように、戦後、天皇の位置は統治者ではなく、象徴へと変わった。だが、象徴天皇について、これまでどれだけ議論がなされてきたかというと、心もとない。右翼系統では戦前の「神聖ニシテ侵スヘカラス」天皇への回帰志向がある一方で、進歩的といわれる人たちは、あたかも天皇はいないかのように天皇問題を無視してきた。そのなかで、二〇一六年八月八日に天皇自身が述べられた「象徴としてのお務めについての天皇陛下のおことば」は、はじめて「象徴」ということが、具体的に何を意味するかに踏み込んだ画期的なものであった。

そのなかで天皇は、「私はこれまで天皇の務めとして、何よりもまず国民の安寧と幸せを祈ることを大切に考えて来ましたが、同時に事にあたっては、時として人々の傍らに立ち、その声に耳を傾け、思いに寄り添うことも大切なことと考えて来ました」と述べ、「日本の各地、とりわけ遠隔の地や島々への旅も、私は天皇の象徴的行為として、大切なものと感じて来ました」と、具体的な活動に触れている。

振り返ってみれば、摂関期から近世にいたるまで、ごく一時期を除けば、日本はずっと政教分離体制を取り、天皇は「象徴」としての役割に徹してきたのではなかったか。近代の「万世一系」論を乗り越え、象徴天皇制が本当に根づくためには、「中伝統」としての近代を超えて、もういちど「大伝統」としての長い歴史を読み返し、捉え返していくことが必要ではないだろうか。

おわりに

「はじめに」に述べたように、本書はもともと別々のところに発表した文章に全面的に手を入れて、新たに配列したものである。しかし、近い時期にほぼ一貫した問題意識と方法によって書かれているので、書き下ろしに近いまとまりのある一書になったと思う。教壇を離れて数年になるが、いまもし教壇にたてば、こんな講義になるであろう。それゆえ、文字どおり本書が「私の最新講義」である。なお、各章の原題と初出箇所は以下のとおりである。

序　章　「思想／思想史／思想史学――二つの日本思想史講座と日本思想史の問い方」(『日本思想史学』四八、日本思想史学会、二〇一六)

第一章　「日本仏教は非論理的か」(『日本の哲学』一二、昭和堂、二〇一一)

第二章　「日本の世界像」(秋田茂他編『「世界史」の世界史』、ミネルヴァ書房、二〇一六)

第三章　「宗教と自然」(平川南編『環境の日本史』一、吉川弘文館、二〇一二)

第四章　「災害と日本の思想」(東日本国際大学東洋思想研究所編『いわきから問う東日本大震

災』、論創社、二〇一三)

第五章「身心の深みへ――近代的人間像から伝統的身体論へ」(『岩波講座日本の思想』五、岩波書店、二〇一三)

第六章「儀礼と創造――美・芸術から儀礼の場へ」(『岩波講座日本の思想』七、岩波書店、二〇一三)

第七章「東・北アジアにおける仏教的世界観の形成と仏国土(浄土)」(『アジアにおける平泉文化』、岩手県教育委員会他編、二〇一六)

終　章　書き下ろし

本離れの進む時代のなかで、本への愛情に溢れた敬文舎の柳町敬直氏の丁寧な編集作業によって、本書が読みやすく、親しみやすい形で読者に届けられることが、何よりも嬉しい。

二〇一七年二月

末木 文美士

・藤田宏達『原始浄土思想の研究』岩波書店、1970
・藤田宏達『浄土三部経の研究』岩波書店、1970
・藤原崇人『契丹仏教史の研究』法藏館、2015
・宮坂宥勝編注『興教大師撰述集』上、山喜房佛書林、1997
・藪田嘉一郎編『五輪塔の起源』綜芸舎、1970
・柳原敏昭『平泉の光芒』吉川弘文館、2015
・横内裕人『日本中世の仏教と東アジア』塙書房、2008

終章

・伊藤博文『憲法義解』(宮沢俊義校訂)岩波文庫、1940
・京都史蹟会編『羅山林先生文集』1、京都考古学会、1918
・佐藤弘夫『神国日本』ちくま新書、2014
・野口武彦『江戸の歴史家』ちくま学芸文庫、1979
・文部省『国体の本義』文部省、1937

関連する拙著・拙稿

・『日本仏教思想史論考』大蔵出版、1993
・『平安初期仏教思想の研究』春秋社、1995
・『仏教――言葉の思想史』岩波書店、1996
・『解体する言葉と世界』岩波書店、1998
・『鎌倉仏教形成論』法藏館、1998
・『明治思想家論』トランスビュー、2004
・「『隠語集』解題」(『真福寺善本叢刊』第2期3巻「中世先徳著作集」)臨川書店、2006
・『他者／死者／私』岩波書店、2007
・『鎌倉仏教展開論』トランスビュー、2008
・『近世の仏教』吉川弘文館、2010a
・『他者・死者たちの近代』トランスビュー、2010b
・「総論　中世の思想」(『日本思想史講座』2)ぺりかん社、2012a
・『現代仏教論』新潮新書、2012b
・「新しい哲学をめざして」(『福神』16)2012c
・「儀礼と創造」(『岩波講座日本の思想』7)岩波書店、2013a
・「[古典を読む]まえがき　美と芸術の原書を問う」(『岩波講座日本の思想』7)岩波書店、2013b
・「批判的思惟の有効性――マルクス主義と日本思想史」(『日本の哲学』14)昭和堂、2013c
・『浄土思想論』春秋社、2013d
・「阿弥陀仏浄土の誕生」(『シリーズ大乗仏教』5)春秋社、2013e
・『仏典をよむ』新潮文庫、2014a
・『日本仏教入門』角川選書、2014b
・「近代の来世観と幽冥観の展開」(『シリーズ日本人と宗教』3)春秋社、2015a
・『草木成仏の思想』サンガ　2015b
・『日本の思想をよむ』角川書店、2016a
・「仏教のアクチュアリティ」(『岩波講座現代』6)岩波書店、2016b

第六章

・阿部泰郎『日本中世の宗教テクスト体系』名古屋大学出版会、2013
・阿部泰郎・錦仁編『聖なる声　和歌にひそむ力』三弥井書房、2011
・塩谷菊美『語られた親鸞』法藏館、2011
・岡井隆・馬場あき子・永田和宏・種村弘選『新・百人一首』文春文庫、2013
・岡倉天心『日本美術史』(『岡倉天心全集』4)聖文閣、1939
・小川剛生『武士はなぜ歌を詠むか』角川叢書、1998
・金井美恵子「たとへば(君)、あるいは、告白、だから、というか、なので、『風流夢譚』で短歌を解毒する」(『道の手帖　深沢七郎』)河出書房新社、2012
・倉野憲司校注『古事記』岩波文庫、1963
・桑原武夫『第二芸術』講談社学術文庫、1976
・品田悦一『万葉集の発明』新曜社、2001
・真宗史料刊行会編『大系真宗史料　伝記編1　親鸞伝』法藏館、2011
・鈴木健一『天皇と和歌』講談社選書メチエ、2017
・高田祐彦訳注『古今和歌集』角川ソフィア文庫、1999
・谷知子『天皇たちの和歌』角川選書、2008
・ルチア・ドルチェ＋松本郁代編『儀礼の力――中世宗教の実践世界』法藏館、2010
・中四進『うたう天皇』白水社、2011
・深沢七郎『風流夢譚』(『中央公論』1960年12月号、Web版・紙魚の筐による)
・正岡子規『歌よみに与ふる書』岩波文庫、1955
・三井甲之『しきしまのみち原論』原理日本社、1934
・三井甲之『手のひら療法(復刻版)』ヴォルテックス、2003
・本居宣長著・子安宣邦校注『排蘆小船・石上私淑言』岩波文庫、2003
・横井金男・新井栄蔵編『古今集の世界』世界思想社、1986
・渡部泰明『和歌とは何か』岩波新書、2009
・渡部泰明・浅田徹・勝原晴希・鈴木健一編『シリーズ和歌をひらく』全5巻、岩波書店、2005-06
・和辻哲郎『古寺巡礼』岩波文庫、1979
・Robert Sharf, "Ritual." Donald S. Lopez, Jr. (ed.), *Critical Terms for the Study of Buddhism*. The University of Chicago Press, 2005

第七章

・入間田宣夫『兵たちの極楽浄土』高志書院、2010
・大矢邦宣『平泉―浄土をめざしたみちのくの都』河出書房新社、2013
・勝田至編『日本葬制史』吉川弘文館、2012
・上川通夫『日本中世仏教形成史論』校倉書房、2007
・菅野成寛「中尊寺金色堂の諸問題」(『岩手史学研究』71-72)1988～89
・菅野成寛「中尊寺供養願文の諸問題―吾妻鏡との整合性をめぐって―」(『宮城歴史家学研究』43・44)1997
・五味文彦「『中尊寺供養願文』の成立」(『放送大学日本史学論叢』1)2014
・斉藤利男『平泉――北方王国の夢』講談社選書メチエ、2014
・佐藤哲英『叡山浄土教の研究』百花苑、1979
・田村芳朗「三種の浄土観」(『田村芳朗仏教学論集2　日本仏教論』)春秋社、1991
・塚本善隆「日本に遺存せる遼文学とその影響」(『塚本善隆著作集』6)大東出版社、1974
・手島崇裕『平安時代の対外関係と仏教』校倉書房、2014
・冨島義幸『平等院鳳凰堂』吉川弘文館、2010

光一編）岩波文庫、1987
・永井隆『長崎の鐘』サンパウル、アルバ文庫版（単行本初版は 1946）1995
・奈良本辰也他校注『二宮尊徳・大原幽学』（日本思想大系 52）岩波書店、1973
・西岡虎之助「王朝時代の地震と其に対する思想」（『社会史研究』10-4）1923
・尾藤正英他校注『安藤昌益・佐藤信淵』（日本思想大系 45）岩波書店、1977
・北條勝貴「災害と環境」（北原編所収）2006
・保立道久『歴史のなかの大地動乱』岩波新書、2012
・丸山真男『日本政治思想史研究』東京大学出版会、1952
・宮田登・高田衛編『鯰絵』里文出版、1995
・宮台真司『終わりなき日常を生きろ』ちくま文庫（単行本初版は 1995）1998
・森岡正博『生者と死者をつなぐもの』春秋社、2012
・吉村昭『関東大震災』文春文庫（初版は 1977）2004
・若尾政希『安藤昌益からみえる日本近世』東京大学出版会、2004
・若松英輔『魂に触れる ── 大震災と、生きている死者』トランスビュー、2012

第五章

・浅野三平『鬼神論・鬼神新論』笠間書房、2012
・阿部泰郎・米田真理子・伊藤聡『宗教的身体テクスト資料集』ヨーロッパ日本学協会タリン大会パネル資料、2011
・新井白石『新井白石全集』7（国書刊行会復刻版による）1907
・大塚久雄『近代化の人間的基礎』筑摩書房、1968
・川本隆史『現代倫理学の冒険』創文社、1995
・カント『啓蒙とは何か』（篠田英雄訳）岩波文庫、1950
・子安宣邦『鬼神論』白澤社、2002
・坂出祥伸編『中国古代養生思想の総合的研究』平河出版社、1988
・坂出祥伸『「気」と養生』人文書院、1993
・田中文雄「『五輪九字秘釈』と養生思想」（坂出、1988 所収）1988
・中村元訳『ブッダの真理の言葉　感興の言葉』岩波文庫、1978
・平田篤胤『平田篤胤全集』3、内外書籍、1911
・福沢諭吉『学問のすゝめ』岩波文庫、1942
・三浦國雄『朱子と気と身体』平凡社、1997
・水田紀久・有坂隆道編『富永仲基・山片蟠桃』（日本思想大系 43）岩波書店、1973
・三好行雄編『漱石文明論集』岩波文庫、1986
・安永寿延編『写真集人間安藤昌益』農山漁村文化協会、1966
・湯浅泰雄『身体論──東洋的心身論と現代』講談社学術文庫、1990
・Kasulis, Thomas P. *Intimacy and Integrity*: Philosophy and Cultural Differences, University of Hawai’i Press, 2002／衣笠正晃訳『インティマシーあるいはインテグリティー』法政大学出版会、2016
・McCarthy, Erin, *Ethics Embodied: Rethinking Selfhood through Continental, Japanese, and Feminist Philosophy*, Lexington Books, 2010
・Yuasa, Yasuo, *The Body: Toward an Eastern Mind-Body Theory*, State Univ. of New York Press, 1987

・福永光司『道教思想史研究』岩波書店、1987
・前田勉『兵学と朱子学・蘭学・国学』平凡社、2006
・村井章介「『日本』の自画像」(『岩波講座日本の思想』3)岩波書店、2014
・横内裕人『中世日本の仏教と東アジア』塙書房、2008
・John M. Rosenfield, Fumiko E. Cranston & Edwin A. Cranston, *The Courtly Tradition in Japanese Art and Literature*. Fogg ArtMuseum, Harvard University, 1973.

第三章

・アウエンハルト、コルネリウス『鯰絵——民俗的想像力の世界』(小松和彦他訳)岩波文庫、2013
・池見澄隆編『冥顕論』法藏館、2012
・海老沢有道他『キリシタン教理書』教文館、1993
・大桑斉・前田一郎編『羅山・貞徳「儒仏問答」』ぺりかん社、2006
・坂本太郎他校注『日本書紀』1、岩波文庫、1994
・相良亨・尾藤正英・秋山虔編『講座日本思想1　自然』東京大学出版会、1983
・高崎直道「〈無情説法〉考」(『印度学仏教学研究』47-1)1998
・多田厚隆他校注『天台本覚論』(日本思想大系9)岩波書店、1973
・土田健次郎『儒教入門』東京大学出版会、2011
・奈良本辰也他校注『二宮尊徳・大原幽学』(日本思想大系52)岩波書店、1973
・尾藤正英他『安藤昌益・佐藤信淵』(日本思想大系45)岩波書店、1977
・松本史朗『道元思想論』大蔵出版、2000
・丸山真男『日本政治思想史研究』東京大学出版会、1952
・丸山真男『日本の思想』岩波新書、1961
・丸山真男「歴史意識の「古層」」(『忠誠と反逆』)筑摩書房、1992
・宮坂宥勝監修『空海コレクション』2、筑摩学芸文庫、2004
・宮田登・高田衛監修『鯰絵——震災と日本文化』里文出版、1995
・安丸良夫他校注『民衆宗教の思想』(日本思想大系67)岩波書店、1971
・柳父章『翻訳語成立事情』岩波新書、1982

第四章

・東浩紀「震災でぼくたちはばらばらになってしまった」(『思想地図』2)2011
・麻原彰晃『日出づる国、災い近し』オウム、1995
・磯田道史『天災から日本史を読みなおす』中公新書、2014
・井上和人校注・訳『かなめいし』(『仮名草子集』新編日本古典文学全集64)小学館、1999
・大桑斉・前田一郎編『羅山・貞徳「儒仏問答」』ぺりかん社、2006
・川村湊『牛頭天王と蘇民将来伝説』作品社、2007
・北原糸子『地震の社会史』講談社学術文庫(単行本初版は1983)2000
・北原糸子編『日本災害史』吉川弘文館、2006
・北原糸子『日本震災史』ちくま新書、2016
・黒田日出男『龍の棲む日本』岩波新書、2003
・小松和彦「民衆の記憶装置としての鯰絵」(宮田・高田編所収)1995
・佐藤弘夫『日蓮「立正安国論」全訳注』講談社学術文庫、2008
・ダライ・ラマ14世『傷ついた日本人へ』新潮新書、2012
・寺田寅彦『天災と国防』講談社学術文庫、2011
・中井久夫編『1995年1月・神戸:「阪神大震災」下の精神科医たち』みすず書房、1995
・永井荷風『摘録断腸亭日常』上(磯田

参考文献

序章

・『日本思想史講座』全5巻、ぺりかん社、2012-15
・『岩波講座日本の思想』全8巻、岩波書店、2013-14
・『中世禅籍叢刊』全12冊、臨川書店、2013-17
・彌永信美「中世神道＝『日本のヒンドゥー教？』論」（『シリーズ大乗仏教』10）春秋社、2013
・小川豊生『中世日本の神話・文字・身体』森話社、2014
・佐藤弘夫『起請文の精神史――中世世界の神と仏』講談社選書メチエ、2006
・舩田淳一『神仏と儀礼の中世』法藏館、2011
・ルチア・ドルチェ＋松本郁代編『儀礼の力――中世宗教の実践世界』法藏館、2010
・若井敏明『平泉澄』ミネルヴァ書房、2006

第一章

・末木剛博『東洋の合理思想』（増補新版）法蔵館、2001
・多田・大久保・田村・浅井校注『日本思想大系9・天台本覚論』岩波書店、1973
・中村元「因明入正理論疏」解題（『国訳一切経・論疏部23』）大東出版社、1960
・師茂樹『論理と歴史』ナカニシヤ出版、2015
・山内得立『ロゴスとレンマ』岩波書店、1974
・横内裕人『日本中世の仏教と東アジア』塙書房、2008
・Gregor Paul, *Philosophie in Japan*, iudicum, 1993

第二章

・荒川紘『日本人の宇宙観』紀伊国屋書店、2001
・市川浩史『日本中世の光と影』ぺりかん社、2001
・伊藤聡『神道とはなにか』中公新書、2012
・海野一隆『地図に見る日本』大修館書店、1999
・海野一隆『地図の文化史』八坂書房、1996
・海老沢有道・岸野久・井出勝美『キリシタン教理書』教文館、1993
・岡田正彦『忘れられた仏教天文学』ブイツーソリューション、2010
・金沢英之『宣長と「三大考」』笠間書院、2005
・神田千里『戦国と宗教』岩波新書、2010
・神田千里『宗教で読む戦国時代』講談社、2016
・黒田日出男『龍の棲む日本』岩波新書、2003
・高陽「須弥山と天上世界」（小峯和明編『漢文文化圏の説話世界』）竹林舎、2010
・小林正美『中国の道教』創文社、1998
・小峯和明「須弥山世界の図像と言説を読む」（国文学研究資料館『日本文学の創造物』）国文学研究資料館、2010
・子安宣邦『日本ナショナリズムの解読』白澤社、2007
・定方晟『須弥山と極楽』講談社現代新書、1973
・佐藤弘夫『神国日本』ちくま新書、2003
・玉懸博之『日本中世思想史研究』ぺりかん社、1998
・長岡龍作『日本の仏像』中公新書、2009
・西村玲「須弥山と地球説」（『岩波講座日本の思想』4）岩波書店、2013
・平石直昭『一語の辞典・天』三省堂、1996

は行

ま行

や行

ら行

わ行

た行

な行

索引

000* —写真、図版のあるページを示す

あ行

か行

さ行

日本歴史 私の最新講義 20
日本思想史の射程

2017年4月14日 第1版 第1刷発行

著　者　末木 文美士
発行者　柳町 敬直
発行所　株式会社 敬文舎
〒160-0023 東京都新宿区西新宿3-3-23
ファミール西新宿405号
電話 03-6302-0699（編集・販売）
URL http://k-bun.co.jp
印刷・製本　中央精版印刷株式会社

Printed in Japan ISBN978-4-906822-20-1